JN409122

은유시인 김영찬(金永燦) 시선집 제1집

나에게 있어 시를 쓴다는것은...

기획·발행처 

출판·인쇄처 도서출판 釜山文學

나에게 있어 시를 쓴다는 것은…

펼치는 글

갈수록 詩 쓰기가 겁난다

17년 전인가 보다. 그땐 머리 싸매고 글을 쓰기 시작한지 1년 남짓밖에 되지 않았을 때였기에 글이라 할 수 없는 글을 그리 겁 없이 써 젖혔다.

컴퓨터 앞에만 앉으면 정신없이 글을 썼다. 그리고 글도 제법 수월하게 잘 써졌다. 당연히 간도 커질 수밖에 없었던 것이 작가 되기란 참 수월하다 여겼던 것이다.

여러 문학관련 클럽이나 카페 등에 글을 올리면서 글 쓰는 것에 대단한 재미를 느꼈고, 또한 의욕도 넘쳤다.

詩, 수필, 소설, 동화, 희곡 등등…… 그야말로 장르를 가리지 않고 마구 써 갈겼는데, 따지고 보면 글 쓰는 요령이나 방법을 알지 못하고 제 멋에 겨워 마구 쓴 허접스런 글에 불과했던 것이다.

무식한 놈이 의욕만 넘치다보니 어처구니없는 계획까지 세웠는데, 지금 돌이켜보면 제법 웃기는 것이었다.

뭔고 하면……,

'석 달 만에 詩를 천 편 쓰겠다고 작정한 것'이다. 즉 '하루에 열 편 넘는 詩를 써서 그 방면에 세계 신기록을 세워보겠노라'란 원로시인들이 들으면 기가 막혀 나자빠질 일을 저질렀다.

해서 하루에 적게는 열댓 편, 많게는 스무 편도 넘는 詩를 썼다.

화장지를 보고는 '화장지'란 詩를 썼으며, 재떨이를 보고는 '재떨이'란 詩를 썼다. 커피를 마시면서 '커피를 마시며'란 詩를 썼고, 전화기를 들고는 '전화기를 들고'란 詩를 썼다.

눈에 띄는 사물마다 어정거리며 저지르는 행동마다 詩를 한 편

씩 썼으니, 그 어처구니없음은 물론 열흘도 못되어 깨닫게 되었고, 그런 신기록은 세워봤자 웃음거리밖엔 더 되겠나 싶어 스스로 포기한 것이다. 그리고 기껏 써놓은 詩들 대부분도 휴지통에 구겨 넣었다.

처음엔 작품 수량 늘리기로는 詩가 제일 녹록해보였다. 빠르면 3분 만에, 오래 걸려봤자 30분 만에 詩 한 수가 써지니 당연히 만만하게 보일 수밖에 없는 것이다.

글이란 분명 쓸수록 실력이 느는 것은 사실이다. 그런데 쓸수록 겁이 나는 것은 또 무슨 조화란 말인가.

글을 쓰면서 가장 두렵게 여겨지는 복병이 있으니 바로 내 자신이 써놓은 글에 대해 짙은 회의를 느끼는 순간이다.

어느 순간부터는 글을 쓴다는 것 자체가 남을 기만함은 물론 내 자신까지 기만하는 행위로 느껴지기 시작했고, 여태까지 써왔던 많은 글들에 대해 '이런 글도 글이라 할 수 있겠나?'란 짙은 회의까지 솟구치는 것이다.

그런 회의를 느끼는 순간부터 버럭 글 쓰고자하는 의욕이 반감되고 그로인해 한동안 글을 쓸 수 없게 되는 것이다.

근래 들어 부쩍 깨닫게 된 것이 있으니, 가장 쓰고 싶은 것이 詩이면서도 가장 쓰기 두렵게 느껴지는 것이 詩임을….

따라서 갈수록 첩첩산중을 헤매는 꼴이라니 어쩜 좋단 말인가.

2019년 9월

은유시인 **김 영 찬**

차례

여명黎明 제1부

화장하는 남자 제2부

차 례

제3부 일그러진 자화상自畵像

침묵沈默 제4부

제1부

여명 黎明

기우祈雨

뻐얀 자갈밭길 휘덮고
내뻬는 원행비스는
한낮의 권태로움 뒤로 남기고
수초水草식당 문에 기대
손짓하는 자야 얼굴엔
정녕 태양의 찌는 열기 서려있다

이끼 낀 거뭇한 바위들
습기 잃은 채
해갈解渴을 기다리고
나도야
다소곳 비는 자세로
하늘을 우러르고…….

1976/05/01

미일未日

1

눈을 꼬옥 감고
가만히 귀 기울인다
보일 듯 말 듯
엷은 구름 사이로 얼룽거리는
하얀 고지高地의 숨결

어느새
재빠른 사슴이 되어
아지랑이 낀
숲속의 사잇길
정처 없이 내닫는다.

2

무겁게
내깔린
침묵의 어둠 속에서
한 마리의 박쥐는
혼자만을 노래한다

날자!
허물마저 벗어던지고
그림자마저 태워버리고
태워버린 찌끼 하얀 재마저
샅샅이 핥아버리고…….

1976/05/02

산호림珊瑚林

1

영롱하게 반짝이는 숱한 빛깔들의 그들은
이브의 사과 빛인가
잔잔하게 율동하는 그들의 혼魂들은
벌거벗은 무희들의 유혹인가

진정 아름답게 비쳐졌기에
진정 황홀하게 비쳐졌기에
신神의 고운 마음이 아니었는가
천국이 그곳이 아니었는가.

2

휘황한 오색의 등불을 켜고
감미로운 곡조를 비파에 담고
오라, 이곳으로
죽어가는 자의 안식처로
아늑한 생의 보금자리로

만만세 만만세 이어지는 환호성들을
터질듯 부풀어지는 가슴패기들을
그대는 들었느뇨
그대는 보았느뇨.

3

도태되어 떨어져나간 서글픈 무리
그들은
자신의 소리엔 귀가 먹었다
메피스트에게 영靈을 팔겠다고 외쳐대는 그들은
대가로 무엇을 바라는가

그들은 도끼를 들었고
창을 들었고
칼을 들었다

누적된 생生의 찌꺼기
겹겹이 쌓여진 암울의 지층
화석이 되어
머금은 피 토해내며
달지는 않았다
쓰지는 않았다.

4

멀리
어둠 속으로부터 반짝이는 불빛을 보았노라고
오라오라 손짓하는
가냘픈 소녀의 모습을 보았노라고
그들은 외쳤다
그들은 날뛰었다

가자가자
만류하는 이, 그 누구냐
타이르는 이, 그 누구냐
포효하는 사나운 사자 떼처럼
미쳐 발광하는 야생마처럼
그들은 성 나 날뛰었다
그리고
아득한 곳으로
달음박질쳐 달려가 버렸다.

5

아름답게 비친 독사의 무리
황홀하게 비친 거미의 무리
긴 활시위를 튕기며 무엇을 노리는가
추적자의 눈이 되어 무엇을 보았는가
살려달라는 자의 아비규환을 못 들었는가
피맺힌 자의 절규를 못 보았는가

이대로 맺을 수는 없노라
이대로 끊을 수는 없노라
쫓기는 자가 되어
쫓는 자가 되어…….

1976/05/03

형제여, 긴 미래 위해서 살자

지금
밝은 어두워 오고
모든 것 혼돈으로 가득 차 온다
이 긴 밤 지나 악몽에서 깨어날 때
내일
둥두렷이 떠오를 태양 기다리자

신선한 아침
맑은 공기로
폐부 묵은 찌끼 떨쳐버리고
우리 마음 깨끗이 하여
형제여, 다시 한 번 시작해 보자
지나간 이야기 살라버리고
형제여, 먼 훗날 이야기하자
모든 것 새로워지고 모든 것 보람이게끔
형제여, 긴 미래 위해서 살자

우리 손마디 거칠어질수록
우리 마음 새로워지고
우리 머리 서리 내릴 때
우리 가슴 보람이 차게
형제여, 긴 미래 위해서 살자.

1977/10/01

1976年2月X日

사방에서 벽은 욱죄어 오고
하나같이 그들은 빈틈이 없다
그리고 차갑고 무감각하다
벽과 벽은 이어져
어디로 둘러봐도 역시 벽이다

그들은 말없이 다가올 뿐이다
찰나의 여유도 주지 않는 채
기세등등
그것은 마치 나를 갈봐야만 직성이 풀릴 듯
위협적으로 다가선다

차라리 갈봐도 좋다
자신을 단념코 송두리째 내던져주어도
그들은 성급히 서두르지 않는다
천천히
아주 천천히……

온갖 공포심을 불러일으키게 하려는 듯
온갖 고뇌와 초조
절망감을 불러일으키게 하려는 듯
그들은 급히 한 걸음에 다가올 듯하면서도
언제까지고 지루한 시간을 던진다

사방으로부터 오는 괴기怪氣는
나의 몸 전체를 떨게 한다
보일듯 말듯한 냉소冷笑
잡힐듯 말듯한 괴기

＊＊＊

조명은 어두운 푸르스름
그러나 모든 것은 선명히
아주 선명히
그 모습 드러낸다
마치 분장한 피에로 얼굴처럼

빨강 노랑 파랑……
……쿵쾅 쿵쾅 쿵쾅
쿵쾅 쿵쾅 쿵쾅……
아, 심장 뛰는 소리가……

나의 전신은 순간
파열이 되어
산산이 헤어진다
사방으로 튀는 진한 피!

정신이 아뜩해지며
마음이 부풀어져
자신을 한껏 내던진다
영원히……, 라고 외치며

1977/10/03

아! 지옥地獄에서

차돌같이 응집凝集된
절망의 소리
저 멀리
아늑한 곳으로부터
거침없이 쏟아져 들어오는 아우성

누가 먼저 나에게
한 방울 물로
타는 듯한 갈증
이 혀 끝
축여 줄 건가

마디마디 온 신경
극도의 고통 부르고
흐느적이는 영혼
천 갈래 만 갈래
찢기고 또 찢기고,

알 수 없는 상대 향해
불끈 쥔 주먹
이내
오그라들고,
증오와 고통 함께 삼킨다

들려오는 소리마다
채찍 되어
피고름 범벅된
온 육체
새로운 자국
남기고 또 남기고,

누가 먼저 나에게
말을 걸 건가?
저 허수아비 몸짓
차가운 표정

초점 없이 치켜뜬 눈
이내 내뜨려지고
외면하는 나약함 홀로 흐느낀다

무엇을 오랜 동안 기다렸던가
무엇을 오랜 동안 갈구했던가

모든 기대와 갈구
이미 아스라이 흩어지고
다시 어찌할 수 없는 현실
한 발짝
한 발짝
터질듯 솟구치는 오열 씹으며
무겁게 내딛는 발걸음
끈끈한 체액 분비한다.

1977/10/04

여명黎明

어느날
밤은 촉촉이 젖어들고
별들도 아스라이 멀어져 갈 때
저 창문의 커튼을 걷어
사랑하는 이의 모습을 보이게 하라

세상이
어둠의 너울을 쓰고
깊이 침잠沈潛해 있을 때
둥근 탁자 마주앉은
사랑하는 이와
향기 좋은 백포도주로
한 잔
밤의 어둠을 잊게 하라

날은 희뿌옇게 밝아오고
새벽종이 애잔히 울리거든
사랑하는 이의 손을
맞잡게 하라.

1977/11/01

망각忘却

우리는 흔히
망각의 세월을 경험한다
오랜 기간
끊긴 필름처럼
잠재의식에 내장되어 있다가
어느날 불현듯 떠오를 때가 있는 것이다

아무리
고통과 절망스러운 상황이 닥치더라도
망각의 메커니즘은
자동으로 작동되어 한 켜 한 켜
두껍게 밀봉密封하여
기억 저 너머로
서서히 밀어낸다

동토凍土의 계절이 물러가면
양지바른 곳부터 새 순이 움트듯
좀처럼 지워질 것 같지 않은 상처마저
이어지는 삶의 강한 욕구와 더불어
자연 치유되는 것이다

때론 그것이
가슴 저린 사랑이라면
문득 떠오르는 회한悔恨의 편절片節에
갈 바 없이 소스라치며
이미 빛바랜 과거 일기장 넘기듯
되풀이 반추反芻 된다
사춘기思春期 소년이 되어…….

– 은유시인 [중편소설] 「김성혜, 그리고 그녀의 슬픈 사랑이야기」에서 –

2001/09/01

석고대죄席藁待罪

반백 년半百年 세월 지나
비켜가는 석양夕陽 마주하고 섰습니다
님은 석양을 가로지르는 기러기떼입니다

지나온 걸음마다
회한悔恨과 질곡桎梏의 연속
님은 한 점 지울 수 없는 그림자입니다

뇌리腦裏에 깊숙이 각인刻印된
그 영원할 것 같은 차륜車輪의 흔적痕迹
님은 인과응보因果應報의 업보業報인가 봅니다

이제,
두 손 모아 그대 향向하고
두 무릎 꿇고 그대 앞에 허리 접습니다
님이시어
부디 용서하소서

낙루落淚로 님의 각질角質진 발 씻겨 드리리다
동맥혈動脈血로 님의 얼룩진 몸 씻겨 드리리다
님이시어
부디 평안하소서!

2001/09/02

이루지 못한 사랑

우린
슬픈 영화 보면
그 영화 속 주인공이 마치 나인 양
그 슬픈 분위기에 동화되어
스스로 억제치 못하고 눈물을 흘리게 된다

우린
슬픈 글 읽다 보면
마찬가지로 내가 겪는 슬픔인 양
슬픈 감정의 골에 침잠沈潛하여
헤어나오길 거부한다

하물며
그것이 사랑이라면
남녀 간 얽힌 사랑이라면
이루어질 수 없는 사랑이라면
결국 이루지 못한 사랑이라면

더욱 애절한
사랑이기에
슬픈 가락 읊조리는 비파처럼
가녀린 심성
그 슬픔 탄조彈調하리라.

2001/09/03

사춘기사랑[1]

사랑,
그중 이성간 사랑만큼
널리 회자膾炙되는 시어詩語도 없을지니
문학, 예술 모든 장르는 물론
오락물에 이르기까지
이성간 사랑 다룬 소재
어김없이 끼어들게 마련일지니

인간도 동물일지니
원초적 본능을 열거한다면
성장成長의 욕구
번식繁殖의 욕구
쾌락快樂의 욕구일지니
그중에서도 소유와 쾌락의 합집합合集合인
이성간 사랑이야말로 동물적 욕구 중 으뜸일지니

유사 이래 이 땅 밟았던 백억 넘는 인간들아
너나 예외 없이 이성간 사랑 때문에
가슴앓이를 하여 왔을지니
고로 이성간 사랑과 그 행위는
모든 인간들 공통적 체험이요

존재와 더불어 끊임없이 충동질하는
가장 인간적 기본 욕구일지니

사춘기 사랑
한 차례 훑고 지나가는 열병
그러나 그 미숙함에 비례하여
상처도 클 수밖에 없을지니
예컨대,
태아기 아주 작은 흠집
성숙기 거치면서
치명적 기형 초래할 수 있음과 같은 것일지니.

2001/09/04

사춘기사랑[2]

알 수 없어요
나도 모르게 시선이 자꾸 그쪽으로 향하는 걸
행여 들킬세라 몰래 숨어서 엿보는 사랑을
왜 사춘기사랑은
상처 나기 쉬운 미성숙한 과일처럼
단단히 영글지도 못할 사랑인지를……

알 수 없어요
나도 모르게 마음이 자꾸 그쪽으로 쏠리는 걸
행여 눈치 챌세라 가슴 설렐 수밖에 없는 사랑을
왜 사춘기사랑은
누구나 한 번씩 치룰 수밖에 없는
열병熱病과도 같은 사랑인지를……

알 수 없어요
나도 모르게 발길이 자꾸 그쪽으로 끌리는 걸
행여 거절당할세라 말도 건네 보지 못할 사랑을
왜 사춘기사랑은
입맛을 떨어뜨리고 밤잠을 설치게 하는
몽유병 증세를 보이는 사랑인지를…….

2001/09/04

누군가를 사랑하는 당신은

누군가를
사랑하는 당신은
곧 끊임없이 솟구치는 샘터입니다
사랑은 조건 없이 마냥 베풀기만 하니까요

누군가를
사랑하는 당신은
곧 곁에서 지켜주는 수호천사입니다
사랑은 그 어떤 두려움도 막아주는 든든한 방패이니까요

누군가를
사랑하는 당신은
곧 행운을 실어 나르는 산타클로스입니다
사랑은 늘 놀랄만한 이벤트로 가슴 설레게 하니까요

누군가를
사랑하는 당신은
곧 은혜를 베푸는 전지전능한 신神입니다
사랑은 온 세상을 모두 소유한 것 같은 충만함이니까요.

2001/09/05

왜 글을 씁니까

나에게 아직까지
그리 묻는 사람 없었네요
혹시 당신께
그리 묻는 사람 있었나요?

물론 나에게
그리 묻는 사람 있을 거라면
부끄럽지만 아직까진 그를 위해
마땅한 대답 준비하지 못했답니다

혹시 당신에게
그리 묻는 사람 있을 거라면
당신은 그를 위해
어떤 대답 들려줄 수 있습니까?

어느 날 문득 내 가슴 속 깊은 곳에서 뜻 모를 격한 감정들이
내 의지와는 달리 나를 충동이고 말 알들 쏟아내게 하였을 때
그것이 부끄러움인지 그것이 우둔함인지
내 스스로 분별력 잃고 갈 바 몰라 헤매기 일쑤였답니다

당신의 혜안 통해 세상 다시 볼 수 있다면

당신의 기름진 텃밭에 뿌리 내릴 수만 있다면
정녕
이다지 두렵지 않을 겁니다.

2001/09/27

마오로동산에 올라

나, 마오로동산에 올라
밤하늘 떠있는 저 별들만큼
헤아릴 수 없이 많은 꿈들 꾸었다
이다음 어른 되면 무엇을 하리……

나, 마오로동산에 올라
온 누리 휘영청 밝게 비취는 저 보름달만큼
세상 밝게 비추는 원대한 꿈꾸었다
이다음 어른 되면 무엇이 되리……

나, 마오로동산에 올라
무수한 사연 싣고 달리는 저 기차만큼
큰 그릇 가슴에 품는 꿈꾸었다
이다음 어른 되면 무엇을 이루리…….

2001/10/01

날개

오랜 망설임
마침내
전혀 걸어보지 않은 낯선 길에 서다
순탄한 대로 대신
가시덤불 무성한
아직 사람 발길 닿지 않은
고독한 길
조심스레
첫발 내딛다

가슴은 두근두근
내딛는 발걸음마다
흐느적 흐느적
그래도 저 멀리 어딘선가
날 부르는 소리가 있기에
속삭이듯 흐느끼듯 유혹하는 소리
내 마음 따라 가고자하는구나

오랜 세월
날갯짓 기다리는
땅속 굼벵이처럼

내 자신 기나긴 허울
마침내 벗었다
투명하리만치
더욱 연약해 뵈는
네게 돋친 나의 날개여

모진 바람 휘몰아치고
찬서리 모질게 서려도
저 끝 모를 지평地平 거스를까
오직 너만이라도 내 곁 지켜주기에
그래도 내 믿는 용기이기에
힘차게 솟구쳐보마
저 낯선 자유를 향해…….

2001/10/21

그림자인간[1]

그대
낮이 밤인 듯
밤이 낮인 듯
빛의 경계 잃은 지 오래이다
희뿌연 환영幻影만이
시각視覺 틀 안에 자리할 뿐이다

그대
반 평 공간 속
유영游泳하면서
천정天井의 별들 헤아리고 있다
지나온 날들 그 안에 있고
지나갈 날들 이미 그 안에 있음을 안다

그대
촉각 곤두세우며
문틈의 벌어진 구멍으로
세상 훔친다
색색의 아름다움 그다지 두려움이고
왁자지껄 소란스러운 소리 그다지 고통이다

그대
가장 편안한 자세되어
벽에 칠갑된 나녀裸女 보며
마스터베이션 되풀이한다
심장 고동이 가빠지고 뜨거운 액체 분출되면
그대 비로소 한순간 자유롭다.

2001/11/18

그림자인간[2]

행여 들킬세라
으슥한 골목길 두리번거린다
휘청거리며 내딛는 발걸음이
방향감각 잃고 어지럽기만 하다

한 발 한 발 밝은 세상 향해 기웃거린다
세상의 손들 설레발치고
세상의 소리들 왁자하게 웃는다
대낮같이 쏟아 붓는 빛 마냥 두렵다

은밀히 엿본다
가슴이 콩닥 거린다 분노가 치솟는다
세상 향한 절규가 세상 향한 증오가
세상 향한 분노가 내 안에 출렁인다

내 안의 세상
한쪽 공간이 세상의 전부인양
무상無想 열락悅樂 무념無念 희락喜樂
그 안에 모든 것이 있음을 안다

과거로부터 갇히고

미래 애써 거부하면서 현재와 맞서고 있다
지난持難한 시간, 육신 뼈마디째 녹여버리고
폐쇄閉鎖된 공간, 내 안의 모든 것 와해시킨다

먹장 낀 하늘아, 반갑다
때려라, 천둥아
내리쳐라, 번개야
세상것 송두리째 무너뜨려라.

2002/02/17

화장실벽에 쓴 詩

짙게 그늘진 암회색 벽면 여기저기
분糞칠로 덕지진
또 하나의 미로
그 재잘거림 속 더듬어본다

- 누구누구는 누구누구를 사랑한대요

그래서 누군가 이렇게
가장 은밀한 장소에 반드시 올
미래의 그 어느 누군가 위해
이렇게 은밀하게 적어놓았다

한 마리 구더기가
도발적으로 발등 기어오르고 있다
스멀스멀 벽면 기어오르는 구더기들
얼핏 희미한 물줄기 남기고 있다

- 사랑은 배설행위이다

배설할 때 성기 드러내듯
사랑할 때도 성기 드러낸다

배설이 마냥 흉일지라면
사랑 또한 마냥 흉일 것이다

작은 딱정벌레 같은 파리떼가
머리 주위를 앵앵거리며 떠날줄 모른다
배설기관 주위 맴도는 파리 한 마리
배설 재촉하듯 치근덕거린다

그럴듯하게 과장된 남녀 성기가
뒤엉켜져 욕망 부추긴다
기러기 모양새 쌍으로 겹쳐진 중앙 털북숭이 애벌레
한 마리 잘 익은 두 개의 호도알 머금고 있다

오줌 지리고
분糞 싸질러도
그 미로 속 자리한 피카소는
농염한 미소로 색정마저 충동인다

걸쭉한 내 안의 우윳빛 액체가
사정거리 안의 그들 향해 분출될 때
코를 자극하던 암모니아냄새도 역겨운 분뇨냄새도
내 발코랑내처럼 내게 익숙해져갔다

2001/11/25

말 지독하게 안 듣는 놈

모든 어버이가 한결같이 자식에게 타이르길
　　– 첫 단추 잘못 끼워지면
　　나머지 단추들도 잘못 끼워진단다
　　– 인생에는 각기 그 시기마다 해야 할 일이 있거늘
　　그 시기 놓치면 남은 인생이 고달파진단다

뉘들
제 자식 교육만큼 자신 있다 주장할까
하물며 어느 평생교육자 한탄하길
　　– 내가 남 교육엔 자신 있으되
　　뜻대로 안되는게 있다면 바로 내 자식이리

아들아,
어쩌면 놀부 심술보
고스란히 네 뱃속에 들어앉았구나
이런 청개구리 세상에 또 없구나

타이르고 또 타이르길
매질하고 또 매질하길
하여 억장 무너지길 네 나이 제곱 만큼이니
그런 웬수 또 있으랴

차라리 남 자식일지라면
느긋한 마음 있겠거늘
그도저도 안될지라면
손이라도 탁탁 털수 있겠거늘

가슴 저리도록
행여 포기할 수 없는 것이
나로부터 비롯된 또 하나의 나이기에
돌이켜보면 내가 바로 너이기에

못된 것부터 배우려드는
엉덩이 뿔난 송아지
도무지 힘 부쳐 못 다스리니
어느새 덩치로 제 아빌 누르려드는구나

아들아,
말 잘 듣는 놈 출세하고
말 안 듣는 놈 거덜 나겠으랴
나 걸어온 길 내 의지대로 걸어왔듯
너 걸어갈 길 네 의지대로 걸어가거라

아들아,
결코 잊지 말아라
너 세상에 덧없이 태어난게 아니듯
세상엔 네가 해야 할 일 있고
살면서 네가 이루어야 될 일 있다

내 주어진 생명의 원천
마지막 한방울까지
네 위태로운 걸음걸이
너 비춰줄
네 등불 밝힐 기름 되어주마

내 주어진 삶의 시간
마지막 한순간까지
네 자존심 허물지 않게
너 지탱시켜줄
네 든든한 언덕바지 쌓아주마.

2001/12/04

마지막 잎새

창 너머
담벼락에 붙어있는
마지막 잎새

살을 도려내는 강풍도
송곳 같은 찬 서리도
너를 비껴간 듯
너는 여전히 표표飄飄하구나

지난날의 꿈도
가슴 저려오던 사랑도
사무치는 회한悔恨도
말라붙은 눈물의 흔적처럼
한낱 부질없음에
너는 여전히 유유悠悠하구나.

2001/12/17

햄스터, 그리고 그 쳇바퀴

다람쥐 같구나
그 얼룽한 무늬
흑진주 눈빛
무심한데

가슴인가 배인가
희디흰 솜털
파르르 네 다리
입김에도 떨리는 듯

꼬리인가 장식인가
앙증맞은 반쪽 천도天桃
바늘같이 톡 쏘는
송곳니 애처롭다

양 볼 그득 머금은 것이
꿈이라해도
피지 못 할 꿈이라면
차라리 한숨이겠지

반쪽 공간이
전부라 해도
마냥 자유로울 수 있다면
차라리 체념이겠지

오늘도
나의 햄스터
쳇바퀴 타고
고단한 먼 여행길 나섰다.

2001/12/19

울지 말아요, 아르젠티나여

일찍이
세계열강 대열에
그대의 깃발 휘날리던
아르젠티나여
그댄
진정 신의 축복이었으리라

광활한 대지
끝 가는 줄 모르고
천연의 보고
활화산처럼 분출하니
그댄
진정 신의 선택이었으리라

백의白衣 천사
그대 아르젠티나여
그 영광이
신의 노여움 불러왔는가
그 번영이
악의 세력 불러왔는가

어둠의 메피스트 칼을 들어
그대 심장 도려내고

그대 음혈陰穴 짓이긴 날
하늘은 눈 감았으리
땅은 숨 죽였으리

오랜 역사 뒤안길
스페인 핍박에서
그대 민중
자유의 화신 되어
강토에 혈血과 육肉 흩뿌렸으리라

한 점 영혼들
수억 겹 쌓여
그대 후손
영원하기를 기원하는
하늘에 닿는 탑 되었으리라

정의의 화신
그대 아르젠티나여
그대가 흘린 피
강이 되어 흐른다하여도
그대가 뿌린 살점
산이 되어 뻗는다하여도

그대 민중
철창에 감금되어
자유는 저 멀리 떠있는 구름같구나

그대 민중
족쇄에 억압되어
정의는 저 멀리 흐르는 강물같구나

신神 닮은 악마들
개선장군 되어
그대 혈육 삼킨다하여도
신이라 불리우는 악마들
심판관 되어
그대 사지 난도질한다하여도
스스로 신이라 일컫는 악마들
주재자 되어
그대 영혼 유린한다하여도

그대 아르젠티나여
깨어있으라
그대 아르젠티나여
영원히
깨어있으라

그대 아르젠티나여
영원히
영원히
깨어있으라.

2001/12/22

취모검 컴백 ENIGMA

광활한 중원에
석양 등 지고
긴 그림자 짙게 드리우며
우뚝 선
네 모습 두렵구나

긴 칼
등에 빗겨차고
긴 머리 광풍에 흩날리며
두 주먹 불끈 쥔
네 모습 두렵구나

하늘이
포효하며 우박 내리친들……
땅이
요동치며 심연 드러낸들……

그대
여자이길 거부하는……
칼날 끝에 모아지는 달빛 같은 자태

그대
홀로 고고孤高하구나
그대
홀로 적적寂寂하구나.

2001/12/22

질투

그녀
먼 옛적 어둔 겨울날
저 낙동강철교 건너 내게로 다가왔다
싸늘하게 식은 두 볼
추위만큼이나 파랗게 물들고
훌쩍이는 콧물 손등으로 훔쳐가며……

그녀
강바람이 얼얼하다며 어깨 추스르곤
바람결에 묻혀온 비릿한 머릿내 달착지근한 입내음
오그라든 두 손 비비며 미리 볶아온 낙지볶음
벌겋게 달아오른 무쇠난로에 올려놓곤
　　　– 어여 먹어

그녀
열아홉 갓 핀 한 떨기 채송화
화려하지도 않고 수수하지도 않은
그러나 농익은 자태로 꼬리치는 작부처럼
내 상상 속 파고들어
내 꿈길 따라 나섰다

그녀
김경아, 구미 오리온전자 공순이
키가 작아 키높이 구두 신고 갖은 멋 다부리는
철딱서니 없는 나의 요정
우린 누가 뭐라 할 새 없이
서로에게 다가섰다

그녀
사소한 말다툼 끝에 토라진 내 마음 달래기 위해
유난히도 빨간 사과 한입 그득 베어 물고는
베어 먹은 쪽 내입에 덥석 들이댔다
그리고 눈가엔 함박 웃음 그득 담고
　　　- 자기야 이젠 마음 풀어

그녀
무던히 도리질 치는 날 딴엔 골리려는 속셈인 듯
그 붉은 립스틱 선혈鮮血히 남긴 사과
곁의 친구놈 입 덥썩 물려주길
아, 정말 눈치없게 쩝쩝 먹어댔다.
얄밉게도 씨앗만 톡톡 뱉어 버리며……

그녀
내 안의 부글거리는 활화산 보았으리라
내 안에서 난타하는 방망이소리 들었으리라
내 안 깊숙이 모든 자존심 곤두박이치는 것 느꼈으리라

내 안으로부터 솟구치는 노여움
무엇을 의미하는지 깨달았으리라

그날,
우리는 여행을 떠났다
그리고 모든 것 잊었다
사과 하나로 그녀가 내게 얼마나 소중했던가를
사과 하나로도 질투의 감정이
그렇게 드세게 일 줄 몰랐으리라.

2001/12/24

제2부

화장하는 남자

크리스마스 송가頌歌

칠흑 같은 어둠도
삼라森羅에 덮인 백설로
낮인 듯 눈부실 때
하늘에 유유悠悠한 저 별빛
어린 내 가슴 뛰놀게 했다

어디선가
들리는 듯 낮은 징글벨Jingle Bell
저 어둔 하늘 저 편에서
루돌프가 끄는 눈썰매 타고
산타가 내게 오리라 했다

고요한 밤 거룩한 밤……
천상의 소리
오색의 휘황한 불빛 너머
성당의 우뚝 솟은 저 종탑 타고
나의 꿈처럼 하늘로 실어 보냈다

꿈이어라
찬란한 슬픔이어라
하늘에 계신 나의 어머니

그리고 아버지께 보내는
애절한 나의 그리움이어라

크리스마스 신화는
나날이 죽어가고
새로운 신화가 다가온다
오늘의 크리스마스는
내 어릴 적 꿈속에서 다시 태어난다.

2001/12/24

세상에 가장 아름다운 것은 순수純粹일지니

그대 해맑은 눈
바라보기에
내 속된 욕정
어느새 자지러지고
슬픔인가
비애인가
한줄기 회오리로
스쳐가는구나

순수에도
색이 있다고
누가 말하였던가
그대 영혼 닮은
점점이 피어올라 소멸되는
저 무지갯빛

그냥 그대로
그대 느끼듯이
우린
아무 말 없어라

행복도
사랑도
가치를 상실하고
그냥 있는 그대로
순수는 아름다워라

태초에
말씀과 더불어 태어났듯이
영영세세永永歲歲
변하지 않는 진리
오직
범할 수 없는 빛

세상에
가장 아름다운 것이 있느니
그대
순수이어라.

2002/01/05

나를 가장 약하게 하는 것

– 한땐 사랑했던 아내 '류미숙'에 대한 나의 고백

나는
일찍이
강하게 키워지도록
단련되어 왔습니다

그것은
예정된
하늘의 뜻이었기에
나는
부단히
내 자신을
담금질해 왔었습니다

어떠한 고난도
어떠한 두려움도
어떠한 좌절도
그 앞에 우뚝 선 나를
어쩌지 못하였습니다

슬픔을 느껴도 눈물 흘리지 아니하고
사랑을 느껴도 애정표현 아니하고

절망을 느껴도 상처받지 아니하고
기쁨을 느껴도 크게 웃지 아니하였습니다

애써 강해지려하는 내가
이제
약해지려하는 것은
그대의
변해가는 모습 때문입니다

언제나
변할 것 같지 않던
그대 얼굴 가득히
짙게 그늘진 수심과
늘어난 잔주름 마주한 까닭입니다.

2002/01/07

내가 아닌 나

한때는
거울속 나를 지독스레 사랑한 적이 있었다
거울에 비친 내 모습이 너무 아름다워
때 묻지 않은 순수함과
세상의 속된 욕심에
절어있지 않음에……

그러나 어느 날 문득
거울 속 내 모습은 이미 내가 아니었다
세월에 지친 묵은 때 절어있는
게걸스런 욕심 사로잡힌
낯선 사나이가 덤덤한 표정으로
나를 응시하고 있음에……

나는 거울속
그에게 물었다
그는 나에게 물었다

– 너는 누구냐?

나는 그에게 대답하였다
그는 나에게 대답하였다

- 나는 나다

그리고 우린 함께 웃었다
그러나 우리의 웃음은 메아리가 없었다.

2002/01/07

희망希望

우리는
벅차오르는 가슴을
희망이라 이른다
그것은
우리에게
삶을 긍정적肯定的이게 하고
우리의 마음을
너그럽게 하기 때문이다

우리는
앞으로 나아가려는 도전정신을
희망이라 이른다
그것은
우리에게
삶을 적극적積極的이게 하고
우리의 눈빛을
빛나게 하기 때문이다

우리는
활기찬 젊음을
희망이라 이른다

그것은
우리에게
삶을 능동적能動的이게 하고
우리의 심장을
요동치게 하기 때문이다.

2002/01/07

화장하는 남자

거울 앞에 한 남자가 서있다
그는 중년의 턱 숨 가삐 넘고
노년으로 치닫고 있다

머리에 희끗해지는 하얀 머리
홀로 서글퍼진다
쫓는 자 되어 쫓기는 자 되어
그렇게 살아온 반백 년

청춘도 젊음도 낭만도 먼 기억 속
신기루같이 아련하기만 한데
얼굴의 세월 유수 같기만 하다

사랑도 슬픔도 절망도 저 아득한
산등성 너머 가물거리는데
손등의 세월 생생하기만 하다

거울 앞에 선 한 남자는
오늘도 화장을 한다.

2002/01/08

왜 그리 슬퍼 보이지

겨울비 흠뻑 젖는 줄 모르고
송두리째 던진 그대
젖은 머리칼
흐르는 빗물
왜 그리 슬퍼 보이지

차라리 그 겨울비 따스하다면
그대 얼굴
그대 두 뺨
타고 흐르는 그 빗물
왜 그리 슬퍼 보이지

창백한 얼굴 새파래진 입술
다가서지 못할수록
안타깝기만 한데
공허하게 치뜬 동공
왜 그리 슬퍼 보이지

퍼붓는 겨울비 흠뻑 젖은 그대 옷
겹겹이 고통인양
방울 짓는 눈물인양
회색빛 하늘이
왜 그리 슬퍼 보이지.

2002/01/15

원자原子

니는 무엇으로 이루어졌는가

물로 이루어졌는가 불로 이루어졌는가
바람으로 이루어졌는가
명암으로 이루어졌는가

세상엔 수천억 물질들 있으니
얼핏 보아 천양각색이라
각기 달라 보이는구나

너와 내가 다르고 그와 저가 다르니
인간이 돼지와 같을 수 없고
고양이와 비둘기가 같을 수 없다

물과 불이 같을 수 없고 바람과 명암이 같을 수 없듯
재떨이와 컴퓨터가 같을 수 없고
연필과 크레용이 같을 수 없다

너와 나는 뿌리가 같고 그와 저도 뿌리가 같다
인간과 돼지는 뿌리가 같고
고양이와 비둘기도 뿌리가 같다

물과 불은 뿌리가 같고 바람과 명암도 뿌리가 같다
재떨이와 컴퓨터도 뿌리가 같고
연필과 크레용도 뿌리가 같다

쪼개고 쪼개고 또 쪼개고……
쪼개고
쪼개고
또 쪼개고……
더 이상 쪼개질 수 없을 때까지……

마침내 우리의 뿌리가 나타날 것이다
원자라고 불리는 우리의 뿌리가…….

2002/02/06

10차원次元 세계

그대는 0차원 세계를 아는가
그것은 하나의 점
실제로 존재하지 않고 존재하지 않음에서 존재함으로
우주 삼라만상은 0차원으로부터 비롯됐음을……

그대는 1차원 세계를 아는가
그것은 두개의 점을 연결하는 직선으로 존재할 뿐이다
그러나 실제 모든 우주는
이 1차원의 직선에 일렬로 정렬되어 있음을……

그대는 2차원 세계를 아는가
그것은 빛과 그림자를 담는 평면으로 존재하며
우리의 모든 생각과 감정이
그 안에 담겨있는 스크린으로 존재함을……

그대는 3차원 세계를 아는가
그것은 우리가 이미 익숙해진 공간으로 존재하며
생로병사와 희로애락이 공존하고
자유와 속박 더불어 우리가 공존함을……

그대는 4차원 세계를 아는가

그것은 시간이라는 추를 드리우고 나이를 가늠케 할 수 없는
내가 아버지 되고 아들이 내가 되는
과거로의 미래로의 모래시계가 있음을……

그대는 5차원 세계를 아는가
그것은 굴절의 구릉 여기가 거기고 거기가 여기인
끊임없이 헛질 켜는 허상만이 존재하는
공간의 축지縮地로 채워져 있음을……

그대는 6차원 세계를 아는가
그것은 무無와 유有가 맞닿은 차원을 넘나드는 입구
진실과 허구가 교차하며
사라짐과 나타남이 혼재함을……

그대는 7차원 세계를 아는가
그것은 어떠한 것도 존재하지 않는다 완벽한 비움의 공간
그 자체가 존재하되 존재하지 않을 수도 있는
오직 무한대만 펼쳐져 있음을……

그대는 8차원 세계를 아는가
그것은 무한대 압축이라 부피의 개념이 없는
물질은 허상으로 남고 그림자마저
찰나에 빨아들이는 지옥문이 존재함을……

그대는 9차원 세계를 아는가
그것은 무한대의 팽창으로 무無에서 유有로 창조가 지속되는 창

새로운 우주가 탄생되는
우주의 모태母胎가 존재함을……

그대는 10차원 세계를 아는가
그것은 스스로 존재하며 어니에서나 존재하는 우주의 영靈
모든 우주는 우주의 영으로부터 비롯하며
오직 하나일 뿐일 것을…….

2002/02/08

거울속의 또 다른 나

넌 누구냐?
　　　- 넌 누구냐?
난 나다
　　　- 난 나다
난 오른손 드는데 넌 왼손 드는구나
　　　- 난 왼손 드는데 넌 오른손 드는구나
난 왼쪽 이마 끝에 점이 있는데
넌 오른쪽 이마 끝에 점이 있구나
　　　- 난 오른쪽 이마 끝에 점이 있는데
　　　　넌 왼쪽 이마 끝에 점이 있구나
넌 너무 늙었다
　　　- 너도 너무 늙었다
넌 바보처럼 생겼구나
　　　- 너도 바보처럼 생겼네 뭘……
난 네가 싫다
　　　- 나도 네가 싫다.

2002/02/09

기도祈禱

나는 오늘도
저 하늘에 계신
전지전능하신 하나님께
혼신을 다하여
기도 드리고 있습니다

주여!
나에게
님을 사랑하는 마음을
늘 지니도록 해 주소서!

주여!
나에게
님의 허물을 너그러이 볼 줄 아는
눈을 갖게 해 주소서!

주여!
나에게
님으로 말미암은 고통을 오히려 감사히 여길 줄 아는
넓은 도량을 갖게 해 주소서!

주여!
나에게
님의 고통과 좌절을 따뜻하게 감싸줄 줄 아는
자애로운 심성을 갖게 해 주소서!

주여!
나에게
세상의 악과 대항하여 싸울 수 있는
용기와 인내를 갖게 해 주소서!

나는 오늘도
저 하늘에 계신
전지전능하신 하나님께
혼신을 다하여
기도 드리고 있습니다.

2002/02/09

바라보는 사랑

그대를 바라보기에는
나의 마음 너무나도 애절합니다

그대가 희미하게 보이는 것은
그대를 애써 보지 않으려 함인가요?
눈에 맺힌 이슬 때문인가요?

그대를 둘러싼 모든 것이 선명치 않음은
그대를 애써 잊으려 하는 나의 완고함으로 말미암은 것인가요?
나의 기억의 빛바램 때문인가요?

오늘도
그대를 멀리서 바라보는 내 눈에는
그대의 슬픔이
그대의 공허함이
그대의 외로움이
그대의 절망이 보이는 것은
설마 저 잿빛 하늘 탓만은 아니겠지요?

2002/02/09

컴퓨터

네모난 얼굴로
내가 다가서길 기다리는 너는
참 희한하구나

너에게는 많은 폴더가 있고
그 폴더 안에는 또 많은 파일들이 들어 있지
난 수많은 폴더들을 생산하고
또 그 폴더 안에 수많은 파일들을 창조하면서
한편으로는 필요 없어진 파일이나
거추장스러운 폴더를 삭제하고 있지

너에게는 인터넷의 바다가 있더구나
수백만 수천만……
바닷가 백사장 모래만큼이나
밤하늘 떠있는 별만큼이나……
수많은 정보들이 유영하고 있구나

클릭
클릭
클릭
각기 개성 있는 얼굴로
각기 개성 있는 목소리로
각기 개성 있는 성격으로
내게 다가와 추파를 던지는구나

친구 잃어버린 사람들 위하여
연인 잃어버린 사람들 위하여
가족 잃어버린 사람들 위하여
이상 잃어버린 사람들 위하여
그들 대신하여 다가서는 너

슬픔도
고통도
외로움도
절망도
그 모든 것을 잊게 해 주겠노라
넌 부단하게 날 유혹하고 있지

우정과
사랑과
우애와
이상을
그 모든 것을 대신하고자
넌 부단하게 날 유혹하고 있지

클릭
클릭
클릭
깨알 같은 글들과 화려한 그림들 보면서
어느덧 하루해 지난 줄 모르고
어찌 보면 너야말로 바보상자 같구나.

2002/02/09

나에게 있어 시詩를 쓴다는 것은

나에게 있어
시를 쓴다는 것은
누에가 실 뽑아 고치 짓는 것과 같다
누에는
스스로를 보호하기 위해 고치 지을 뿐
인간 위해 고치 짓는 것은 아니다

나에게 있어
시를 쓴다는 것은
다람쥐가 겨울나기 위해 도토리 부지런히 줍는 것과 같다
다람쥐는
스스로의 먹거리 장만 위해 도토리 쌓을 뿐
인간 위해 도토리 모아두는 것은 아니다

나에게 있어
시를 쓴다는 것은
배짱이가 노래 연주하는 것과 같다
배짱이는
스스로의 번식 위해 노래 연주할 뿐
인간 위해 노래 연주하는 것은 아니다

누에의 고치가 설령 눈부실 정도로 아름답기로서니
다람쥐의 도토리가 설령 혀 녹일 만큼 감미롭기로서니
배짱이의 연주가 설령 영혼의 심금 울리기로서니
결코 인간 위함이 아니다

난 오늘도 누에 되어 실 뽑는다
나를 보호하기 위한 고치 짓기 위해……
난 오늘도 다람쥐 되어 도토리 줍는다
나를 배불리기 위한 음식 장만하기 위해……
난 오늘도 배짱이 되어 연주 한다
나를 영생토록하기 위한 새 생명 창조 위해…….

2002/02/10

방랑자放浪者

어머니,
지난 세월
바쁘게 달려왔건만
왜 달려왔는지 그 이유를 모르겠습니다

어머니,
지난 세월
열심히 일을 했습니다만
무슨 일을 왜 열심히 했는지 그 기억이 없습니다

어머니,
지난 세월
깨어 있을 때보다도 잠들었을 때가 더 많았습니다
모든 일이 꿈결같이 느껴지기 때문입니다

어머니,
지난 세월
행복했을 때보다도 불행했을 때가 더 많았습니다
가슴속 그득 찬 응어리가 쉬 풀리지 않기 때문입니다

어머니,
당신 아들을 위해
남은 세월 마지막 이정표가 되어 주소서
남아있는 여정을 올곧게 밝혀 주소서.

2002/02/10

시詩 천편千篇의 의미意味

세상에는
많은 기록들이 있다

그 기록들은
인간에 의해 만들어 질 수도 있고
자연의 조화에 의해 만들어 질 수도 있다

어느 영화배우는
일생동안 영화 몇 백편 출연했었노라는 기록이 있고
어느 여자가수는
일생동안 노래 몇 천곡 불렀었노라는 기록이 있다

어떤 이는 어떤 상 몇 번이나 탔었노라는 기록도 있고
어떤 이는 어떤 자격증 몇 개나 땄었노라는 기록도 있고
어떤 이는 어떤 기록 몇 번이나 갱신했었노라는 기록도 있다

지금 이 순간에도
수많은 사람들이 기록갱신을 위해 기꺼이 자신을 버리려 한다
이런 기록들은
어떤 분야에서든 경쟁적으로 이루어진다
인간 한계에 도전한다는 명목으로……

참으로 애석하게도
시를 가장 많이 썼었노라는 시인의 기록을 찾을 수가 없구나
소설을 가장 많이 썼었노라는 소설가의 기록을 찾을 수가 없구나
수필을 가장 많이 썼었노라는 수필가의 기록을 찾을 수가 없구나

어느 날 문득 누군가가 말해주었다
많이 썼다하여 모든 글이 다 글이 될 수 없다는 것을……
일생에 단 한 줄을 쓰더라도 제대로 된 글을 써보라면서……

그런데 이해할 수가 없구나
제대로 살기 위해서라면
쓸데없이 무엇 하러 에베레스트에 올라가는가?
그곳에 무엇이 있기에……
쓸데없이 무엇 때문에 죽을힘을 다해 달리는가?
100m를 9초안에 달리면 무엇이 달라진다고……

나의 무지함이여!
자만自慢은 오로지 무지無知에서 솟아나는 것
나의 무지함이 자만으로 나타나고
오늘 나는
남들이 못 세운 기록이라하여
엉뚱한 자만으로 나를 망치려한다
그 누구도 평생 시詩 천편 썼다는 기록이 없으니
하다못해 그 기록 한번 세워보려고……

나, 이제
단 한 줄의 제대로 된 글조차 낼 줄 모르니
천1000이란 숫자로 승부를 걸어보노라.

2002/02/10

시詩란 무엇인가
– 시詩는 항상 두 개의 얼굴을 갖고 있다

시詩는 심저心底에 스며드는 독백이다
시詩는 저 무한한 우주를 향한 절규이다

태고의 저 어둠 속에서 한줄기 빛과 같은 탄생이 있다면
영겁의 어둠 속에 갇혀야 하는 죽음이 있다

절절히 끓어오르는 사랑이 있다면
칼날같이 차가운 증오가 있다

영롱한 무지갯빛 닮은 희망이 있다면
천 길 낭떠러지로 치닫는 절망이 있다

열락悅樂으로 가슴이 터질 것 같은 기쁨이 있다면
한 조각 남김없이 갈가리 찢기 울 것 같은 슬픔이 있다

하늘을 치솟을 것 같은 희열이 있다면
땅이 무너져 내릴 것 같은 절규가 있다

연연戀戀히 사무치는 그리움이 있다면
떨어지지 않는 발길을 돌려야 하는 회한悔恨이 있다

천군만마로 광야를 휘덮는 승리자로서의 자만이 있다면

깊이를 알 수 없는 수렁에 자신을 내던져야 하는 굴욕이 있다

어머니, 그 따사로운 품속 같은 자애가 있다면
오열嗚咽을 토하며 가시밭길을 맨발로 걸어야 하는 학대가 있다

잔잔한 호숫가 한 마리 잠자리가 풀잎에 앉는 평화가 있다면
뜨거운 용암을 분출하는 저 활화산 같은 분노가 있다

저 코발트 가을하늘에 뜬 흰 구름 같은 자유가 있다면
쇠사슬과 채찍으로 담금질되는 굴종이 있다

삼라만상의 이치를 꿰뚫는 지혜가 있다면
무지조차 인지 못하는 우매함이 있다

베풂과 거둠이 공존하는 곳
관용과 엄단이 공존하는 곳
갈구와 좌절이 공존하는 곳
정의와 불의가 공존하는 곳
신의와 배반이 공존하는 곳
지존과 타락이 공존하는 곳
승리와 패배가 공존하는 곳
만족과 노여움이 공존하는 곳
어울림과 독선이 공존하는 곳

시詩는 항상 두 개의 얼굴을 갖고 있다.

2002/02/10

전화기를 들고

지금 창밖은 비가 오고 있어요
그칠 줄 모르는 비
흐느적이는 내 영혼 잠재우려나 봐요

들리지 않나요?
난 이 어둠 속에서
내 영혼 흐느끼는 소리 듣고 있어요

느껴지지 않나요?
절망의 동공 그 깊이 알 수 없는데
내 고독한 상념 저 홀로 맴돌고 있네요

전화기 저쪽 너머로
나의 영혼 다독여주는 그대 숨결 느껴지네요
그대가 들려주는 작은 밀어密語들 슬픈 가락 되어
나의 심장 고동치게 하네요

그 끝 어딘가요?
이 어둠의 끝 어딘가요?
이 가는 선 통해 그대 머무는 곳 함께 머물 수 없나요?

차라리 이 절망 어둠과 같다면
차라리 이 슬픔 어둠과 같다면
난, 차라리 어둠이 될래요

세상 포근히 감쌀 수만 있다면 난 차라리 어둠이 될래요
세상 망각의 세월로 감쌀 수만 있다면
난, 차라리 어둠이 될래요
그대와 같이 고독을 공유할 수만 있다면
난, 차라리 어둠이 될래요.

2002/02/12

수레바퀴

참으로 애달고나
고난苦難한 역사役事
참으로 눈물겹다
지리한 몸부림

돌고 돌고 또 돌아
수억 겁 돌고
차라리 절망이 낙이라 한들
갉히고 갉히고 또 갉히어
영겁을 갉히고
차라리 파쇄破碎되어 흔적마저 없어진들

시지푸스Sisyphus 굴레인양
헤어나오지 못하고
오늘도 흐느끼듯
맞닿지 않는 평행平行을 간다.

2002/02/15

어머니

어머니,
나 어렸을 적 웃음기 없는 어머니 둥근 얼굴 기억합니다
어머닌 항상 고운 한복만 입으셨습니다
옷차림은 흐트러짐 없이 항상 정갈하셨습니다

어머니,
한걸음 내디딜 때마다 가쁜 숨 몰아쉬던 어머니의 병약함 기억합니다
어머닌 초등학교 때 저희 반 담임이셨습니다
개구쟁이인 나는 허약한 어머니 속 무던히도 썩였습니다

어머니,
유난히 굵은 당신의 새끼손가락 하나 기억합니다
어머닌 그 새끼손가락 꺾을 때마다 가슴속 한恨
한 올씩 삭이셨습니다
숯검정처럼 새까맣게 타버린 가슴속
처절한 절망만 안으셨습니다

어머니,
어머니가 한 줌의 연기처럼 사그라지던 그 날 기억합니다
어머닌 파리한 입술 들썩이며 숨만 껄떡이셨습니다

어머니가 저를 바라보는 눈빛은
눈물 걷어버린 슬픔이었습니다

어머니,
어머니를 떠나보내면서
이 어린 놈 끝내 눈물 쏟지 않았음 기억합니다
어머니보다 더 오래 세상 살고 나서야
조금 철 들었습니다

어머니,
이 불효막심한 놈 이제야 어머니 평안함 기원드리옵니다.

2002/02/15

허수아비

나는 허수아비
진실은 허공에 떠보내고
거짓으로 무장하였다

시공간視空間에 투영된 실實과 허虛
일차원에 갇혀 망연히 바라볼 뿐
기쁨도 공허하고
슬픔도 공허하고

나는 허수아비
의식意識은 홑 꺼풀이고
스스로 존재임을 강요한다

점점이 피어오르는 지난持難한 상념들
비릿한 피 내음에 묻혀올 때마다
내가 나인 것 의식意識 못하고
네가 너인 것 인식認識 못하고…….

2002/02/15

담배연기

몽글몽글 피어오르는
저 연기 속
그녀의 슬픈 얼굴 보인다
가물거리는
저 연기만큼
그녀의 모습 애처롭다

해초 내음 비릿한
그녀의 숨결 느껴진다
뜨겁게 달아오른
그녀의 숨결 그리워진다
하얗게 바스러지는 저 연기 속에
슬픈 사랑들 묻혀간다

흘러간 청춘 아쉽다
지나간 세월 아쉽다
못다 한 사랑 아쉽다
소멸되어가는
저 연기 속에
초조함 배어난다

젊음도 사랑도 영혼도
그리고 그녀에 대한 기억마저도
저 흩어지는 연기만큼 아스라하다
한 점 재만 남기고 흔적 없이 녹아나는
저 연기 속
현재가 과거되어 묻혀간다.

2002/02/16

이다바야 네 색시 왔다

임금이는
의정부 살 때
우리집 식모 이름

임금이는
충청도 어드멘가 고향인 방년 십팔 세
키 크고 마른 편에 걸걸한 성격이 좋았다

임금이는
밥 비벼 먹고 난 그릇 물에 헹궈 마시면
복이 붙는다했다

임금이는
우리 옆집 중국집 스물여섯 살 이다바와
몰래 연애했다

임금이는
고향 간다며 훌쩍 떠난 뒤 오랜 만에 다시 찾아왔는데
색동치마저고리로 곱게 단장하였다

다섯 살 소년
너무 반가움에 겨워
중국집 대고 큰소리 외쳤다

　　– 이다바야!
　　네 색시 왔다 임금이 왔어
　　빨랑 나와서
　　연애해!
　　키스해!

※ 이다바 : 중국집 요리사를 일컫던 말

2002/02/16

재떨이

한 닢
한 닢
떨어지는 꽃잎처럼
담배꽁초 가로눕다

기쁨 떨어진다
슬픔 떨어진다
그리움 떨어진다
외로움 떨어진다

한 닢
한 닢
쌓여가는 낙엽처럼
담배꽁초 서글프다

점점이 피어오른 기쁨 있었노라
점점이 피어오른 슬픔 있었노라
점점이 피어오른 그리움 있었노라
점점이 피어오른 외로움 있었노라

한 닢
한 닢
묻혀가는 바램처럼
담배꽁초 허망하다

찬란한 기쁨도
황홀한 슬픔도
현란한 그리움도
찬연燦然한 외로움도 한 점 재 되어 묻힌다

포만飽滿한 재떨이
그것이 불만이다.

2002/02/16

에레스투Eres Tu

에레스투
가시밭길 헤쳐나가는
두려운 괴로움 있습니다

에레스투
차마 떨어지지 않는
아쉬운 미련 있습니다

에레스투
가슴 갈갈이 찢기우듯
처절한 슬픔 있습니다

에레스투
꺼지지 않는 태양같은
뜨거운 열정 있습니다

에레스투
나의 슬픔 구원하소서!
나의 열정 태워주소서!

에레스투!
에레스투!

2002/02/17

제3부

일그러진 자화상自畵像

몽夢-1

누군가 보인다
희미한 형상만 보이고
누군지 알 수 없네

누군가 손짓한다
오라는 것인지 가라는 것인지
도무지 알 수 없네

누군가 말한다
입 모양만 있을 뿐 소리가 없어
무엇을 말하려 함인지 들을 수 없네

그것은 나약한 영혼 흐느적이는 절규인가
그것은 심연深淵을 알 수 없는 혼돈의 나락인가
그것은 지옥으로부터 솟구치는 소리 없는 아우성인가.

2002/02/11

몽夢-2

나는 누워 있다
나는 천정天井을 헤아리고 있다

천정이 돌기 시작한다
뱅글뱅글뱅글 팽글팽글팽글……
긴 회오리터널이 나타난다
긴 회오리터널 속으로 빨려들어간다
내 몸은 가볍게 떠돌아다닌다
가고자 하는 곳으로 자유롭게 유영한다

나의 실체가 느껴지지 않는다
나의 형상이 보이지도 않는다
감각도 의식도 생각도 존재도 사그라지고
내게 속한 모든 것이 적멸寂滅한 듯 공허하다
무언가가 다가온다
그리고 나를 안혼眼昏하게 감싼다

감각도 없다
의식도 없다
생각도 없다
존재도 없다

나는 부유浮遊하고 있다
나를 에워 싼 것은 공허한 어둠뿐이다

나는 여전히 누워 있다
나는 여전히 천정天井만 헤아리고 있다.

2002/02/11

몽夢-3

그녀가 다가온다
신기루蜃氣樓처럼 아스라이 솟아난
저 오로라 해원海原 너머에서
몽롱朦朧의 굽이진 파고波高 헤쳐가며
그녀가 어렴풋이 내게로 다가온다

몹시 그리웠노라
몹시 보고팠노라
몹시 안기고팠노라
삼단 머릿결 풀어헤쳐 너울 만들고
잠사蠶絲 비단결 풀어헤쳐 신방 꾸미고

그녀가 덥석 내 품에 안겨온다
그녀의 체취 아찔하다
그녀의 보드라운 피부 황홀하고
그녀의 달콤한 사랑 충만하다
짜릿한 순간 뜨거운 정액 분출되고

아, 일장춘몽一場春夢이여!

2002/02/11

몽夢-4

눈잎에 펼쳐진
광활한 광야는 하나의 거대한 생명체
꿈틀꿈틀 너울너울
그 살아있음에 문득 섬뜩하다

시야는 열린듯 그러나 닫혀있고
의식은 펼쳐진듯 그러나 걷혀있어
사방에서 욱죄어오는 폐쇄공포에
가물거리던 의식은 어느새 혼돈으로 그득 찬다

사각거리며 물어뜯는 시각始覺의 벌레소리가
모든 신경계 곧추세워 전율戰慄케 하고
물커덩거리는 기분 나쁜 촉수觸手의 감촉이
모든 세포를 발기勃起케 한다

옅은 빛은 사그라지듯 자취 감추고
암흑은 쉴 새 없이 분열 거듭하는데
어스름한 물체들
이리저리 제멋대로 자리 옮겨앉는다

발걸음 제아무리 옮기려해도

수천 근 족쇄로 채워진 듯 떼어지지 않고
이리저리 고개를 돌리려해도
수만 근 추로 짓눌린 듯 옴짝달싹 않는다

저승사자의 손짓이 보이고
저승 암흘이 벌름벌름 삼키려드니
숨소리 점점 가빠지고
심장은 요동으로 터지려한다

- 살려주세요!

2002/02/11

몽夢-5

꿈인가 생시인가
방문 밖에는
휘영청 달이 눈부시게 밝고
방안은 희뿌옇이 사물의 윤곽만 잡힌다
문득 무서운 생각 들어
고개를 살며시 위쪽으로 돌린다

아!
쟁반같은 달이
나를 내려다보고 있다
그것은 달이 아니다
한 아름만큼이나 크고 둥근 얼굴만 있는
얼굴귀신이다

온몸이 얼어붙어
꼼짝할 수가 없고
마른침은
목젖을 끄르이며 오르내리는데
둥근 얼굴은
여전히 나를 쏘아보고 있다

둥근 얼굴은
내 어깨를 툭툭 치며
나를 재촉한다
둥근 얼굴은
쪼그리고 앉아
둥근 얼굴 가까이 들이대며
나를 재촉한다

- 가자꾸나
- 싫어요
- 가자니까
- 싫다니까요.

2002/02/11

몽夢-6

어머니
그것은 일찍이
어머니 살아생전의 꿈이었습니다

바닷가 언덕위에는
돛대기시장처럼
많은 사람들로 웅성거렸습니다

저는 망연한 심정으로
어머니가 그 안에 들어 있음직한 묵직한 관을
누나랑 같이 어깨에 울러멨습니다

많은 사람들에 떠밀리어
언덕 밑으로 쓸려 내려오는데
저 밑으로 넓고 푸른 바다가 너울거렸습니다

많은 돛단배들이
많은 사람과 짐 보따리 싣고
다시 돌아오지 못할 곳으로 떠날 차비하고 있었습니다

어머니
저 배를 타야하는가를 아님 어디로 가야하는가를
저는 누나에게 묻고 있었습니다

어머니
그 순간 가위에 눌려 화들짝 깨어난
제 손은 땀으로 흥건하였습니다

어머니
안방 아랫목에 곱게 앉아 새끼손가락 굳은살 박이도록
어머니께선 여전히 뜨개질을 하시며 계셨습니다

하나님이 누군지도 모를
여섯 살 난 사내아이는 무릎 꿇고 감사기도 드렸습니다

- 하나님, 고맙습니다.

2002/02/11

몽夢-7

어머니
당신은 딸만 내리 다섯인 아들 귀한 집안에
막내로 태어나셨습니다

외할아버지께서
중국으로 인삼장사 나가셨을 때 태몽을 꾸셨답니다
금 붓 열두 자루 금 책 열두 권을……

외할아버지께서는
당신이 아들이라 여기시고
큰 학자가 되리라 기뻐하셨답니다

외할아버지께서는
당신이 비록 여식이라도
그 태몽 결코 잊지 않으셨답니다

그래서 당신은
여고까지 마친 다른 자매들과는 달리
최고학부까지 다니셨습니다

당신은
늘 만년장학생으로
코피까지 쏟으며 억척스레 공부만 하셨답니다

금 붓 열두 자루 금 책 열두 권의 꿈은 사라지고
당신은 어느 하늘 밑 어느 산 중턱에 외로이 묻히셨습니다
아무도 찾는 이 없이 잡초만 무성한 채로……

이제 당신은
세상에서 못 이룬 꿈 저 높은 하늘나라에 가셔서
당신의 소중한 꿈 이루셨겠지요?

2002/02/11

몽夢-8

그곳은
파란 하늘 파란 바다 맞닿아있는 곳
눈부신 깃털구름 운무 펼치며
투명한 물살너머 태양이 사시사철 머무는 곳

그곳은
아름다운 백사장 길게 드넓게 펼쳐져있는 곳
황금빛모래 조각빛살에 너울거리며
그 보드라운 속살 수줍음 없이 드러내는 곳

그곳은
은빛갈매기 짙푸른 야자수 무리지어 있는 곳
저마다의 사랑과 재잘거림 한낮의 무료함 깨뜨리고
저마다의 생명과 풍성함 만발하여 깃들어 있는 곳

슬픔은 부서지는 파도의 포말에 녹아버리고
절망은 따사로운 햇살에 증발해버리고
고독은 산호초의 흰빛으로 묻혀버리는 곳

가장 단조로운 세계 순간이 영겁으로 이어지는 세계
모든 것이 투명한 빛으로 용융溶融되는 세계
나 혼자만의 세계가 그 꿈 안에 서려있구나.

2002/02/11

몽夢-9

그녀의 얼굴은 차갑고 무표정하여
마치 석고상처럼 싸늘하게 식어있습니다
멍하니 치켜뜬 그녀의 두 눈망울
이미 초점 잃은 죽은 자의 눈동자입니다

섬세하고 오똑한 그녀의 코
짙은 그림자 드리운채 윤기를 잃었습니다
웃음기 없는 그녀의 윤곽이 도드라진 입술
말문 굳게 닫아건 철옹성입니다

백짓장같이 핏기 없는 그녀 얼굴
온기 하나 없는 벽난로처럼 섬뜩합니다
길게 늘어뜨려진 그녀의 두 손
체념 아닌 모든 것 완강히 부정하려는 몸짓입니다

그녀는 흐느적이는 자신의 육신을 돌려
오던 길 되돌아갑니다
긴 머리카락 유난히 쓸쓸해보이는
멀어져가는 그녀의 뒷모습 너무나 애절합니다.

2002/02/12

몽夢-10

내 안에 내가 있고
그 내 안에 또 내가 있고
나로 말미암아 내가 있고
나를 비롯하여 내가 있고

자학하려는 내가 있고
벗어나려는 내가 있고
사라지려는 내가 있고
탈바꿈하려는 내가 있고

사랑도 미움도 행복도 슬픔도 희망도 좌절도 욕망도 권태도
모두 하나로 범벅되어 나를 감싸고 있다
추악함이란 이름의 끈끈이 되어 나를 가두려한다
사악함이란 이름의 거미줄 되어 나를 가두려한다.

2002/02/12

악몽惡夢

한밤중에
홀연히 찾아온 손님 있어
하얀 모시적삼 입고 하얀 고깔 쓴 여인들
빙글빙글 방안 어지럽게 돌며
나지막이 부르는 노래

– 니나니 니나니 니……

언뜻 잠에서 깨어 바라보니
잠자는 식솔 얼굴마다
엎어지듯 포개지는 하얀 너울들

– 니나니 니나니 니……

천상의 음률音律인가
귀신의 주술呪術인가
이어질 듯
끊어질 듯
하얀 승무 휘도는 표정 없는 여인들

– 니나니 니나니 니…….

2002/02/16

일그러진 자화상自畵像

춤 춘다 너울너울 춤 춘다
휘돌아간다 둥글게 휘돌아간다
나의 존재 이 안에 있고
너의 존재 또한 이 안에 있다

촛불 밝힌다 색색의 촛불 밝힌다
촛불이 너울너울 춤 춘다
사물을 붉게 물들여가며
너울너울 춤 춘다

나의 존재 흘러내리는 촛농이라면
너의 존재 꺼멓게 솟아오르는 그을음이다
퇴락한 삶의 나락 그 쓰디쓴 추억
배설구 찾아 맴도는 욕구

면경面鏡에 비쳐진 허울이 안타깝다.

2002/02/17

커피를 마시며

늦은 밤 잠 못 이룰 때
난 커피 마신다
머그잔 그득
난 커피 마신다
온갖 상념 떨쳐버리려고
난 커피 마신다

커피향 내 코끝 스치면
문득 난 고향에 간다
고향의 짙은 향수 머그잔에서 피어나고
안개 낀 구릉의 습기 찬 내음이 풍겨온다
고향의 슬픈 전설 기억해 내곤
가슴을 녹색물감으로 물들인다

난 커피 천천히 마신다
맛과 색 음미하며 느긋하게 마신다
커피의 초콜릿 닮은 색깔
더 이상 혼탁해질 것 같지도 않은
영욕榮辱의 찌꺼기
내 걸어온 삶의 자취와 같음을 안다

성취와 좌절
오만함과 비굴함
풍족함과 빈한貧寒함
이원적二元的 모순 속에 길들여져 온 지난 세월
결코 되돌아갈 수 없는 죽은 세월이기에
마음을 어둠같은 밤색으로 물들인다

머그잔 속 남은 커피
싸늘하게 식었을 때
남은 온기의 미련 버리고
마지막 한 모금 홀짝 들이킨다
밍밍한 그 맛 차라리 씁쓸하다
정지된 시간처럼 차라리 무의미하다.

2002/02/17

그리운 사람

아득히 먼 산자락
아지랑이 몽실몽실 피어오르면
그때마다 문득 그리운 사람

무성한 보리잎사귀
소슬한 바람 얼싸얼싸 부둥켜안고 출렁일 때면
그때마다 더욱 그리운 사람

저 공허한 하늘
코발트빛으로 짙게 물들어 가물가물 눈부실 때면
그때마다 너무나 그리운 사람

막연한 그리움 쫓아
텅 빈 가슴 앞세우고 훠이훠이 내달릴 때면
그때마다 하염없이 그리운 사람

내가 그대이고 그대가 나이듯이
우리 둘 하나 되어
아지랑이 피어오르는 산자락 내닫고 싶어라

내가 그대이고 그대가 나이듯이

우리 둘 하나 되어
보리잎사귀 출렁이는 고랑길 마냥 뛰고 싶어라

내가 그대이고 그대가 나이듯이
우리 둘 하나 되어
잔디동산 누워 코발트빛 하늘 가늠하고 싶어라

세월의 무상함 뒤로하고
인생의 무상함 뒤로하고
오로지 그대와의 사랑만이 영원함을 확인하고 싶어라.

2002/02/18

다래

인적 드문 깊은 산속
켜켜이 낙엽 쌓여 기름진 텃밭
천년 비바람 모진 풍상 견디며
오로지 나만 맞으려 기나긴 세월 꼭꼭 숨어있었구나
너의 달디 단 입술로 날 반겨주는구나

서슬 퍼런 잡목에 의지하여
영롱한 아침 이슬만이 그대 음식이 되고
언뜻 스치는 바람만이 그대 음악이 되고
노루랑 산토끼만이 그대 벗이 되어
순수한 자연으로 살아왔구나

때론 거친 눈보라 몰아치고
때론 사나운 짐승들 표적이 되어
여리디 여린 네 한 몸 찢겨도
그 애틋한 생명의 싹 포기하지 않은 채
연연戀戀이 이어져왔구나

여린 열매 위해
모든 걸 주어서 기쁘고
송두리째 던져서 행복하다면
비록 찰라일지라도
그대의 삶 더욱 빛나리.

2002/02/18

진정, 그대 삶 밝히는 촛불이 되리라

사랑하는 나의 사람아
너를 지켜보는 나의 눈망울은 안타까움에 마냥 눈물겹구나
이것이 사랑이라는 허울로부터 잉태된 감정이라면
감정의 타래를 풀 길 없어
눈물 맺힌 시야로 망연히 그대를 더듬노라

태초 이래 억만 겁 겹겹이 누적된 인연의 업보에서
애오라지 나의 사랑 나의 기쁨 나의 희망 나의 삶의 존재여
나의 삶 모든 가치와 연속성은 그대란 존재로부터 오고
그로 인해 내가 다시 존재하게 되었구나

모든 생의 기억을 망각시키는 고요의 검은 바다
어둠의 짙은 마성魔性이 우리에겐 결코 장애가 될 수 없으니
오늘 타오르는 촛불에 나 그대 눈빛 보며 절규하리라
내 한 몸 태움으로 인해 그 형형한 빛 어둠을
능히 거둘 수 있으리니

꺼져가는 회한의 늪에서 끝없는 나락의 수렁에서
어떠한 시련과 고통 그리고 두려움이 있을지라도
가녀린 너의 어깨를 연약한 너의 심성을 감싸 안으며
나 그대 동반자 되어 그대의 삶 조율調律하리라

나의 존재 그대로부터 나올지니
내가 너이고 네가 나인 것을
이 긴 어둠 미로 속 헤어날 바 몰라 위태하게 헤매고 있을
그대여
나 오늘 진정, 그대 삶 밝히는 촛불 되리니.

2002/02/18

거듭 태어나고 싶습니다

지난 겨울은
내게는 무척 지루했습니다
따뜻한 남쪽 남쪽바닷가에 살면서도
나의 겨울은 유난히 추웠습니다

바닷바람이
쌔앵쌩 옷깃을 파고 들 때면
나의 심장은 바짝 오그라들었다가
싸늘하게 식어버리곤 하였습니다

지난 봄은
내게는 유난히 더디게 찾아왔습니다
나의 빛바랜 회색빛 낡은 코트에는
새싹과 꽃망울들 찾아오기를 꺼렸나봅니다

오랜 가뭄으로
삼라만상 물 찾는 욕구가 드높을수록
나의 마음도 그 누군가 갈구하는
욕망의 고동소리 힘겹게 들어야했습니다

나의 마음 바람에 휩싸인 갈대처럼
쉽사리 흐느적 흐느적거리고
나의 몸 천근만근 뒤엎을 수 없는 바위처럼
암울의 수렁에 침잠하여 헤어나오기 힘겨웠습니다

녹음이 유난히 짙푸른 날
하늘이 코발트빛 더해가는 날
산자락 양지바른 곳에서
태고의 순수한 모습으로 거듭거듭 태어나고 싶습니다.

2002/02/21

그래, 세상은 이렇듯 참 아름답구나

생명의 씨앗으로 잉태되어
10개월 사람꼴 갖추고 자궁 밖 세상으로 얼굴 내밀면서
고고성呱呱聲 지르지 않았겠니 세상이 너무 눈부셔
무척이나 반갑고 살만한 세상이라며

엄마품에 안기어 세상 훔쳐보며
형형색색 온갖 형태의 형상들 익혀가며
너른 세상 나아갈 꿈 키워오지 않았겠니 신기한 것만큼
두려운 것 많지만 그래도 세상이 아름답기에

세상이 눈부시게 아름답고 모든 것이 신기한 만큼
넘어야할 산도 건너야할 강도 헤쳐나가야할 가시덤불도 너
무나 많겠기에
어쩌면 넘고 또 넘고 건너고 또 건너고 헤쳐나가고 또 헤쳐
나가도
끝이 없겠기에 너무 쉽게 좌절하려하지 않았겠니

악몽을 꾸며 어둠의 터널에 갇혀 애절한 몸부림 칠 때
한줄기 빛이 되어 속삭이듯 이끌어준 그 님이 있기에
지루한 장마 속에 후질구레한 심신을 감싸고 다독여준 그 님
이 있기에

찬란한 햇살의 고마움을 알았으리라

세상이 아비규환의 절규만 있으리라 믿어왔기에
따뜻한 그 님의 손길이 새로운 삶의 시작을 열어주었음을
사랑은 부담을 느껴서도 이해타산을 생각해서도
부족한 것을 보충해서도 안 됨을 더 잘 알고 있음에랴

사랑은 서로의 부족함과 서로의 허물과 완전하지 못함을
오히려 고맙게 생각하고 감싸주어야 하는 것을……
새로운 세상 맞이하여 그 누가 그토록 간절하였으랴
그 누가 그토록 절실하였으랴

오직 그 님만이 그러한 사랑과 갈구를 보내오지 않았던가
오늘도 찬란한 햇살이 여지없이 퍼붓거늘 세상이 예전보다
한결 아름답다는 것을 느꼈으리니
진정 그 님이 더 큰 축복과 사랑을 보내 왔음을 새삼 느꼈으
리라

그 누구든 원망하지 마라
스스로를 증오하거나 미워하지 마라
세상은 우리가 살기에 더할 나위 없이 아름답다는 것을……
그러기에 개똥밭에 굴러도 저승보단 이승이 낫다하질 않던
가.

2002/02/21

가는 길이 험하다 할지라도

그래, 우리가 가야할 길 망연히 서서 바라보노라면
까마득하게 느껴지지
꾸불꾸불 휘어진 길
덤불에 가려져 보이지 않는 길
바위와 자갈 진흙탕이 뒤엉킨
가파른 벼랑과 뛰어넘어야할 숱한 고랑들

우리 모두에겐
인생 끝 그 목적지를 향해
가야할 길이 있다
그 길이 구부러진 길일지언정
그 길이 자갈과 가시덤불로 험할지언정
반드시 그 길을 가야만 한다

때론 자전거를 얻어타는 행운이 있을지라도
때론 자가용을 얻어타는 행운이 있을지라도
걷다가 넘어 지고 때론 더위를 먹고
피곤에 지쳐 쓰러질지라도
우린 그 길을 목적지에 다할 때까지
쉬지 않고 가야만 한다

우린 그 길을 가다가
친구도 만나고 도적도 만나고
또한 삶의 동반자도 만나게 된다
우린 삶의 노상에서
쉼 없이 닥아 오는
여러 가지 형태의 시련을 겪게 된다
그 시련이 참혹할수록
우리 삶의 질서가 엉망으로 깨뜨려질수록
우린 다시 새로운 용기를 갖고 시련을 극복함으로써
보다 아름다운 미래를 보장받게 되는 것이다
시련의 무게를 감당 못하고 나약하게 쓰러진다면
미래는 결코 아름답지 못할 것이다

지옥불같은 폭염과 육신을 태울듯한 갈증을 모르고서는
한방울의 생명수가 주는 그 달콤한 촉수를
어찌 느낄 수 있겠는가?
죽음같은 산고의 고통과 쓰디쓴 절망의 나락을 모르고서는
한 생명의 태동과 신비를 재기의 희락을
어찌 느낄 수 있겠는가?

2002/02/22/18:43

그대가 내 품에 안기던 날

그리움도 외로움도 슬픔도 화석 속 암모나이트처럼 경식되고
멈춰진 시간 정지된 사고
나는 지난 밤 거듭되는 악몽에 뒤척이며
몇 번에 걸쳐 깨어 일어나 차디찬 냉수 들이켜야 했다
갈증과 악몽이 영원히 나를 괴롭힐 것이라는
두려운 망상에 사로잡혀……
좀처럼 개일 것 같지 않던 천둥번개 동반한 지루한 장마
삭신이 탈진되고 녹아내린 듯 허우적거리는 육신
겨우 가누며 뒤뜰에 발을 디딘 순간 나는
심한 현기증과 또 다른 두려움에 떨어야 했다

사방을 둘러보아도 보이는 건 모두가 싸늘하게 굳어버린
사체들
태산 같은 공포로 심신을 억누르려하는 죽음의 화신들
어두운 구름층 뚫고 한 줄기 햇살처럼 홀연히 나타난
그대여
솜털같이 보드라운 너의 손결이 나의 경직된 육체를
어루만져줄 때
난 비로소 감미로운 오르가즘을 맛봤다
그대의 달콤한 숨결 하나하나가 속삭임 되어 내 영혼의
찌끼를 깨끗이 걷어내고 그 밝고 가볍기론 깃털 같은

자유를 주었다
그대가 내가 되고 나 또한 그대가 되고 우리는 결국
하나 되어 우리의 길을 함께 갔다 나는 그대에게
그대는 나에게 하나 되어 함께 가는 길이
마냥 행복하다고…….

2002/02/22/18:15

다대포 풍경 * 1984

참 좋다, 그지?
공기도 좋다
하늘도 좋다
바다도 좋다

꼬불꼬불 오솔길
잡초 무성한 둔덕
쓰러져가는 초가집
그 모든 것이 다 좋단다
장림 다대 이어지는 언덕길 유난히 좁고
흙먼지 풀럭이는 비포장도로 거칠 것 없어

구비구비 굽이쳐 흐르는 낙동강 칠백리
철새들이 머무는 하구언 끝자락
멀리 오라오라 손짓하는
너른 바다 펼쳐진 곳
송림 무성한 몰운대는
길게 누운 송아지엉덩이 같단다

찰랑찰랑 바닷물 발등을 덮고
끊임없이 오락가락 잔잔한 파도

다대포 개펄은 많은 미물들이
분주한 삶 이어가는 곳
쨍쨍 쏟아 붓는 한낮의 땡볕도 아랑곳 않고
조개 줍기 바쁜 아이들

다대항 어시장 질편한 삶터
횟감 치는 아낙네 손길 바쁘고
멀리서 들려오는 통통배소리 그윽하단다
다대2주공아파트 208동202호 19평 공간에서
젊음이 간다
그리고 세월이 무심히 간다.

2002/02/22

다대포 풍경 * 1995

잠 좋다, 그지?
공기가 좋다
하늘이 좋다
바다가 좋다

길이 파헤쳐진다
산이 파헤쳐진다
고층아파트들이 줄을 지어 들어선다
매머드상가들이 줄을 지어 들어선다
사람들이 모여든다
도로가 넓혀진다
자가용이 늘어난다
오늘도 이삿짐 실은 트럭이 온다
오늘도 이삿짐 실은 트럭이 간다

수많은 차량들로
아파트단지 안 북새통이다
수많은 인파들로
상가며 길거리는 북적거린다
버스들이 쌩쌩 달리고
화물차들 부지런히 오간다

노래방이 늘어난다
단란주점이 늘어난다
좌판상이 늘어난다
포장마차가 늘어난다
희노애락이 늘어나고 사연이 늘어난다

아파트 베란다 아래로
앞서 살던 아파트가 내려다보인다
해양경찰서가 보인다
금강산 카페리호가 보인다
두송반도가 보인다
지평선 아득한 바다가 보인다
다대 2현대아파트 107동1905호 69평 공간에서
젊음이 간다
그리고 세월이 허겁지겁 달려간다.

2002/02/22

다대포풍경 * 2002

참 좋다, 그지?
공기가 좋다
하늘이 좋다
바다가 좋다

다대포가 좋다
십팔 년 살아온 다대포가 좋다
다대포객사 윤공단 다대성지 응봉봉수대
역사가 숨 쉰다
문화가 찬연하다
다대포후리소리 그 후리질소리 구슬프다

하늘을 찌를 듯 아파트숲 그득 차고
아파트 공터마다 자가용들 그득 차고
넓게 트인 도로마다 차량들 그득 차고
어느새 사람들 그득그득 모여든다
비릿한 바닷내음에 묻혀
지지리 북적이는 다대어판장
사는 것이 피곤한 사람들 한숨이 들린다

벌건 속살 드러낸 아미산 너머

낙동강하구언 안개에 절어있고
축구장 되어버린 다대포해변 백사장
물살 빠진 갯벌에선 꼬마게 잡는 악동들
몇몇이 정겹다
두송반도로 둘러싸인 다대항엔
금강산 스타크루즈가 오가고
북녘미인들 실은 만경봉도 다녀갔다

신평 장림으로 이어져 다대포까지
지하철 들어선다지?
다대해수욕장 매립되어
카지노 특급호텔 컨벤션센터
세계적 관광타운 들어선다지?

다대포 전설이 사라져간다
철새들이 죽어간다
사람들이 죽어간다
그리고
다대포가 죽어간다
내가 죽어간다.

2002/11/04/20:35

인생길에 시련은 늘 있어라

천년 세월 두고
똑……, 똑……
방울져 하나씩 떨어지는 작은 물방울에
산더미같은 우직한 큰 바위도 구멍 뚫린다

흙 파고 돌 깨고
그것을 삼태기에 담아 바다에 내다버리면
결국엔 태산도 깎아낼 수 있는 것이고
절굿공이도 갈고 또 갈다보면 결국엔 바늘이 된다

기나긴 인생 역정
크고 작은 고통의 상흔들
짊어진 멍에가 무거울수록 내던질 수는 없다
채워진 족쇄가 고통스러울수록 포기할 수는 없다

가는 길이 아무리
가파르고 험난하여 힘들다한들 우리는 쉬어 갈 수 없다
가는 길이 아무리
거칠고 황량하여 무섭다한들 우리는 주저앉을 수 없다

최선 다해도 얻어 질 것이 없고
마음 비워도 채워 질 것이 없고
지름길로 가려해도 때론 태산에 막혀 돌고
때론 강물에 막혀 돌고 더 먼 길 돌고 돌아가야 한다.

믿음이 배신으로 돌아온다해도 괴로워 마라
은혜가 원한으로 돌아온다해도 노여워 마라
겪은 시련만큼 훈장이 되니 분노하지 마라
겪은 설움만큼 영광이 되니 슬퍼하지 마라.

2002/02/22/02:26

보따리를 싸며

넓은 보자기 활짝 펼쳐놓고
내 묵은 찌꺼기들 모두 끄집어내어
층층이 쌓는다
결코 값나갈리 없는
바랠대로 바랜
내 낡은 인생 몽땅
보자기에 주워 담는다

남들만큼 공평하게 갖출 것 갖추고 태어난 육체
남들만큼 공평하게 주어진 생의 시간
남들만큼 공평하게 나누어 가진 삶의 기회
남들만큼 잘 사용하지 못한 죄의식에 사로잡힌다

곰팡내 역겨운 나의 찌꺼기
손끝 살짝 스쳐도 바스러지는
삭을 대로 삭은 나의 찌꺼기
쌓고 또 쌓아도
포개고 또 포개도
나의 보따리는 중량重量이 없다

그래도 오늘
난 처연한 마음으로 보따리를 싼다
내 묵은 찌꺼기
내 낡은 인생
보따리에 몽땅 구겨 넣는다.

2002/04/22

제4부

침묵 沈默

모스퀴토

덥다싶어
창문마다 활짝 열어놓고
바람 한 점 맞을 양이면
날렵한 불청객 먼저 자리잡는다

어스름 어둠이 오면
밤손님처럼 몰래 스며들어온 불청객
밤새껏 집요하게 달라붙어
사랑을 나누자며 괴롭힌다

잽싸기론
날다람쥐 같아
헛손질 몇 번 끝에 흔적마저 놓치고는
그 기민함에 혀를 내두른다

끈적거리는 여름밤 내내
유난히 귓가에서 앵앵거리는 담금질에 시달리고
집적댈 때마다 철썩철썩 내리쳐야하는 손바닥 장단도
동틀 무렵에야 비로소 멎는다

설친 잠이 억울하여
힘겹게 잡은 통통한 검은 몸통 아싸 으깼다
하얀 화장지 붉게 물들인 피는
분명 내 피는 아닐 것이다.

2002/08/23/01:03

사람들은 때때로

사랑을 나누면서
사람들은 때때로
자기만 손해라는
생각에 젖습니다

사랑을 보내는 사람이 행복할까요?
아님, 사랑을 받는 사람이 행복할까요?
어찌 보면 사랑을 받는 사람이
사랑을 보내는 사람보다 더 행복할 것 같지요?

그러나 사랑을 받기만하는 사람이
사랑을 보내는 사람 가슴속에 맺혀있는
절절이 끓어오르는 감정을
어찌 알겠습니까?

2002/10/01

동추疼秋

조석으로 부는 칼바람에 한껏 옷깃 여미는 것은
고목처럼 시들해진 육신보다 정녕 서글픈 마음 초라해서
한해 두해 쌓여가는 연륜 따라 맞는 가을 끝저리
갈수록 커져가는 문풍지 구멍처럼, 가슴속 공허함 함께 키우고
떨어져 뒹구는 낙엽 한 닢에서도
뜻 모를 슬픔 주체치 못함은
지나온 세월 무던히 아쉽기만 한 까닭이다

젊음도 낭만도 그리고 이상도 쓰다말고 구겨 던진
원고지더미처럼 기억너머 쌓인 채 퇴색하고
오늘 내게 남겨진 것은 소슬하게 묻어나는 회한
가슴 심저에 서릿발처럼 쌓여가는 미련
초저녁 뉘엿해진 햇살에 유난히 길게 드리운 그림자
저 홀로 나뒹구는 낙엽 한 닢의 고즈넉함에서
묻어나는 고독감.

2002/10/13/02:09

추우秋雨

해도 이미 저문 어둠 속 아스팔트길을
질주하는 저 차량들 빗물에 부대끼어 질척이는 소리
붉게 드리워진 시그널 불빛들
그 음울한 소리만큼이나 그 흐릿한 불빛만큼이나
내 속 깊은 곳엔 차가운 습기 가득 머금고 있다
형태를 알 수 없이 바스러뜨리며 나불거리는 저 빗줄기
그 점점이 따가운 칼날이 되어
감정感情을 난도亂刀한다 이성理性을 도륙刀戮한다

2막4장 연극이 끝나 진한 화장으로 치장한 배우들이
퇴장하고 조명마저 꺼져버린 썰렁한
무대 위 소리 없이 맴도는 관객들이 흘린 박수소리
아직도 들리는 듯 그들이 흘린 웃음과 슬픔과 탄식과 함성
차라리 한줌 피어오르다 사그라진 연기 같구나
차라리 한줌 허공 향해 내지르다 제풀에 지친 한숨 같구나
도무지 그칠 것 같지 않은 이 가을비
마지막 배차시간에 쫓겨
시내버스 종점에 들어선 버스 속 취객의 넋두리 같구나.

2002/10/18/19:51:18

깊은 밤

뿌옇게 발광하는 컴퓨터모니터는
시야를 흐트러뜨리고
대낮같이 훤히 밝힌 형광등 불빛은
주위를 온통 낯설게 한다
어디를 둘러봐도
이미 각인되었을 사물들이
저만치 비웃듯이 비껴서 있다

인접한 도로를 질주하는
야행성차량들의 금속성마찰음과
컴퓨터 본체에서 나는 미미한 후앙소리가
고즈넉한 한밤의 정적을 더한다

깊은 밤의 시간은
느린 황소걸음처럼 더디다
간헐적인 담배연기 사그라지듯
사고의 뇌세포들이 점멸點滅한다
타다 남은 담배꽁초가 재떨이에 수북하고
먹다 반쯤 남긴 커피도 쓴 탕약같이 보인다

무심코 만진 턱 수염이
유난히 까칠하다
이 긴 밤이 쉬 끝날 것 같지 않은
그래서 날이 시린 두려움이 한껏 몰려온다.

2002/10/25/02:48:02

디지털카메라

어렵게 손에 쥔
육백만6,000,000화소 파인픽스 에스원프로S1pro
검고 육중한 몸체
줌렌즈 끼고 플래시까지 장착하니
제법 그로테스크하구나
오백십이512 메가바이트 메모리칩에
담을 수 있는 화상 이백육206 커트
각 커트마다 삼백300 디피아이dpi에 이쩜육2.6 메가
이만한 용량이면 인쇄용 사진으론 손색이 없다

부산 아시안게임 역동의 순간들이
만경봉호와 북한 여성들 슬픈 미소들이
도심의 이모저모 어두운 면면들이
언뜻 스쳐가는 허상같은 이미지들이
디지털 파인더의 포로가 되어
액정모니터에 가지런히 가두어 진다

디지털
디지털
마이크로센서
수백만 미립자 칩

너는 인간의 두뇌 앞서는구나
너의 기억과 재생능력 가히 전능하신 신神 닮았구나

잊을 수 없는 모습들
돌이킬 수 없는 순간들
흘려보내기엔 아쉬운 사연들
너의 기억 속에 차곡차곡 재이면서
멀고도 긴 여행길 준비한다.

2002/11/02/03:28

침묵沈默

분명 너는 너의 그 좁은 가슴속 켜켜이쌓인 할 말들
무던히 삭히고 있겠지
너의 굳게 닫힌 입술이 무엇을 의미하는지 난 내 손가락의
각질 진 상처만큼이나 잘 알고 있지
우린 서로에게 가까이 다가가지 않으려할수록 서로에 대한
안타까움 안고 저마다 가슴속 저 한 켠
쓰디쓴 눈물 쌓고 있겠지

우린 서로 충분히 이해하면서도 굳이 서로
애써 부정하려고 하지
우린 서로에게 겨누는 잔인한 칼끝이 결국 자신에게 상처가
되어 돌아 올 줄 뻔히 알면서도
부질없이 서로에게 상처 주려하지
내가 너의 눈을 굳이 마주 보지 않는다해도 또한 네가 나의
눈을 굳이 마주 보지 않는다해도 우린 느낌으로 서로가
무엇을 말하려하는지 잘 알고 있지

분명 너의 가슴속에 쌓여있는 수많은 응어리들이 나로 인한
골 깊은 감정들로 뭉쳐진 것을 나로 인한 침묵으로 굳어진 것을
난 내 손가락의 각질진 상처만큼이나 잘 알고 있지.

2002/11/02/22:40

안녕

우리, 어자피 헤어져야할 사이라면
차라리 안녕이라 말하지 말자

우리, 다시 만날 기약이 없다면
차라리 안녕이라 말하지 말자

우리, 지난 세월이 아쉽다면
차라리 안녕이라 말하지 말자

그대에게 눈물 보이지 않으려함은
보내야할 그대 떠나보내려함이요
그대의 눈 마주보지 않으려함은
그대가 흘리는 눈물 보지 않으려함이다

이제 우리
함께 왔던 그 길 벗어나
우리, 서로 어긋난 길로 가야한다면
차라리 안녕이라 말하지 말자

우리, 어차피 돌이킬 수 없는 이별이라면
차라리 안녕이라 말하지 말자.

2002/11/05/18:45

사랑새

사람들은
태어나면서
저마다 가슴속에
자그마한 사랑새 한 마리씩 갖고 있다지

사람들은
자라면서
가슴속의 사랑새를
자신의 꿈만큼 자신의 사랑만큼 키우고 있다지

사람들은
늙어가면서
저마다 사랑새 가슴에 안고
이루지 못할 꿈이라도 이루지 못할 사랑이라도
그 꿈만큼 그 사랑만큼 사랑새를 키워내고 있다지

왜 사람들은
사랑새 높이높이 날려보내고
하염없이 눈물을 흘려야 하나

왜 사람들은
사랑새 멀리멀리 떠나보내고
깊은 시름에 잠겨 있어야 하나

왜 사람들은
죽어가면서
사랑새의 추억을 잊지 못하여
자꾸자꾸 뒤만 돌아보아야 하나.

2002/11/07/18:50

시인의 방은 어둠에 잠기고

누군가 말했지
시는 시인의 삶을 갉아먹고 태어난다고……
시인은 자신의 살을 이겨 형상을 만들고,
시인은 자신의 피를 개어 채색을 한다고……

누군가 말했지
시는 시인의 영혼을 갉아먹고 환생한다고……
천만번 죽고 또 죽고 그 영혼의 마지막 불씨 하나마저도 태워야 한다고……
시인은 방울방울 토해지는 그 각혈로 낱말을 만들고,
시인은 한 점 한 점 살을 뜯는 고통으로 그 낱말을 꿰리라고……

사무치는 한이여!
처절한 고독이여!
피맺힌 절규여!

이제 시인은 말이 없다
시인의 방은 불이 꺼지고,
불 꺼진 방은 어둠에 잠기고……
그리고 시인은 할 말을 잃었다.

2002/11/07/05:50

섬진강蟾津江

팔공산 깊은 음혈陰穴
차가운 정기精氣
억겁 세월 두고 휘돌아
굽이쳐 흐르는 섬진강
반만년 한민족 깊은 한恨 서렸다
하늘이 이 땅에 내리신 도도한 물줄기
천천세세千千歲歲 영영세세永永歲歲
거칠 것 없어라

황금들녘 찬바람 부대낄 때에도
어디선가 날 부르는 소리 있어
갈대밭 소슬蕭瑟하여 발길 돌리려해도
어디선가 세월 한탄恨歎하는 이 있어
하늘 검은 장막帳幕 드리워져도
아직도 그 강가 오르내리는 이 있어
나룻배 저어가는 저 뱃사공
엇싸 엇싸 추임새 오히려 애닮구나

꿈을 심고
꿈을 먹고
꿈을 나르는

저 도요새 무리
그 날개 짓마저 무심無心한데
갈 곳 없어 맴도는 저 나그네
저물어가는 섬진강 붉은 물결에
그대 시름 비추어 보렴.

2002/11/08/18:26

진흙 도락꾸

1

아스라한 기억 끄트머리쯤
한 평 남짓 초가 단칸방
댓살 코흘리개 저 홀로 논다
까까머리 사촌형 빨건 진흙 개어 만들어준
진흙 도락꾸
성냥갑 크기 몸체 둥글납작한 네 개의 바퀴
성냥개비 바퀴 축인 양 전지 없이 잘만 구른다
웨애앵…… 방방…… 또르르르……
고사리 손 떠난 진흙 도락꾸
비스듬한 방안 구른다 그만의 세상 넘나든다
활짝 열어젖힌 방문으로 바람이 인다
댓살 코흘리개 얼굴에 엉겨붙은 코딱지 왠지 서럽다.

2

흙먼지 풀풀 이는 그을린 아궁이
불씨 꺼진지 이미 오래고
거북등 같은 가마솥 뚜껑
불쑥 튀어나온 손잡이 마냥 무겁다 주발에 얼핏
반 남은 꽁보리밥
빨건 고추장 듬뿍 넣고 비벼 후끈 달아오르는
입속 후후거리며 게눈 감추듯 먹어치운다

삽살 코 꿰인 맹꽁이는 맹맹맹맹……
울대 벌럭이면서도 그 눈길 저만치 무심하다
좽일 방바닥 엎디어 굴리고 굴리고 또 굴리고
손때 묻은 진흙 도락꾸 또르르르……
댓살 코흘리개 눈물 반 콧물 반 왠지 서럽다.

3

사물事物 고요하고 마른 정적 흐르는 한낮
먼 밭 나간 이모 까마득 기척이 없다
사방에 보이는 것 푸른 풀 푸른 벌레 누런 황톳길
옥수수밭 콩밭 감자밭 고구마밭
오뉴월 따가운 햇살 마다않고 맨발로 텃밭 뒤진다
놀란 방아깨비 메뚜기 귀뚜라미 펄떡인다
한참 쫓고 쫓아도 제자리 맴돌고 삼각머리
갸웃거리는 사마귀 무섭다 풀 섶 매달린
달팽이 건드리면 또르르 말리는 노래기
조그만 구멍 속 분주하게 설쳐대는
개미떼들 마냥 신기하지만
댓살 코흘리개 그래도 혼자라서 왠지 서럽다.

4

바람 찰랑이는 뒤 곁 대나무 성성盛盛한 텃밭
저만치 물러난 햇살 눈부시지 않다
열린 된장독마다 구더기 들끓고
황금갑옷 치장한 금파리들 쉴 새 없이 앵앵거린다
핵교 간 헝아들 언제 올려나, 언제 올려나……

밭일 나간 이모 언제 올려나, 언제 올려나……
덕산장 간 이모부 언제 올려나, 언제 올려나……
그늘진 처마 끝자락 어른 반키만큼 대롱거리는
채반 속의 삶은 고구마 삶은 옥수수
발돋움하여 손에 쥔 고구마 껍질째
콧물 섞어 꾸역꾸역 먹어도
댓살 코흘리개 전혀 흥겹지 않다.

5

저 산등성 너머 저 흰 구름 닿는 곳
저 눈부신 햇살 닿는 곳
엄마가 있고 아빠가 있고 또 누야가 있고
또 아가야가 있다
젖비린내 스며있는 엄마 그립고
파르스름한 턱수염 따가워도 아빠 그립다
방바닥으로 쏟아지는 뉘엿한 한조각 햇살 마냥 따스하다
엎디어 한손 턱 괸 채 침 질질 흘리며
고단한 꿈결 이어진다
웨애앵…… 방방…… 또르르르……
진흙 도락꾸 구르는 동안
오늘도 댓살 코흘리개 하루해 덜 지겹다.

※ 註: 나 어릴 적, 충청남도 예산군 삽교면 상하리에서/1956년6월 어느 날

2002/11/09/20:15

홍조紅潮

아스라한 기억 속에 묻힌 결코
내 수명이 다할 때까지 영원히 잊을 수 없는
슬픈 얼굴 눈부시게 하얀 얼굴
가느다란 눈매 섬세한 콧날
자그마한 입술 그리고 휘청거리는
가녀린 몸매

가난을 굴레처럼 짊어지고 있는
슬픈 미소의 소녀
결핵을 멍에처럼 짊어지고 있는 백짓장 같은 소녀
가난이 이끄는 대로 몸을 허락하고
세월이 이끄는 대로 생을 마감하려는
풀잎에 잠시 맺힌 이슬 같은 소녀

그녀가 흘린 피
붉은 피
차라리 선홍빛 장미처럼
빨갛다
작은 손바닥에 고인
붉은 선혈

낙도옹…… 강…… 강바…… 아라…… 암이……

구슬픈 노래
처녀뱃사공이 흐른다
내 마음속 아득한 곳으로부터 정세되시 못한
진한 슬픔들이 솟구쳐오른다
속 깊은 분노가 절규로 바뀐다
처절한 절규로…….

2002/11/10/19:38

회상回想

1

한 코흘리개
술 취해 비틀거린다
걸음새마저 제대로 못 가누는데
새빨개진 얼굴 가쁜 숨 몰아쉬고
주절대는 소리 자못 어른 같구나

동네꼬마들 손에 끌려
막걸리공장 하수구 통해 흘러나온
술비지 떠먹고 그게 그리 신이 났다네.

2

한 코흘리개
소방타워 꼭대기에서 소리 지른다
비좁은 사다리타고 높이 솟은 전망대
하늘 끝닿은데 올라가보니 발아래 세상
오밀조밀 개미세상처럼 보이는구나

저 아래 사람들 웅성웅성
두 팔 휘저으며 질러대는 소리소리 마냥
자랑스러워 그게 그리 신이 났다네.

3

한 코흘리개
가랑비 온몸 젖는 줄 모르고 앵두를 딴다
한손엔 빨간 앵두 소담히 담긴 노란바가지
자장가처럼 흐르는 가랑비 머리 적시고
얼굴 적시고 질척이는 앵두 밭 종일 헤매는구나

손닿지 않는 저 높은 곳 유난히도
많이 달린 탐스런 앵두 그러나
낮은 곳 앵두만으로도 그게 그리 신이 났다네.

4

한 코흘리개
지하실에 감춰놓은 사과 몰래 먹는다
좁다란 지하실 서늘한 공간 온갖 잡동사니 속
허름한 사과궤짝 못 풀린 판자 들춰낸 벼껍질 속에
숨겨진 보물 찾듯 사과를 찾는구나

쌀겨 떨칠새 없이 시린 이빨
덜덜 떨며 한입 베어 물면
단물이 솟는 그게 그리 신이 났다네.

5

한 코흘리개
갓 난 동생 이층난간 아래로 밀쳐버렸네
엄마는 못생긴 아가만 젖을 준다고
아빠는 못생긴 아가만 호해준다고
누나야도 못생긴 아가만 업어준다고

아가는 병원에 입원을 하고 엄마한테 볼기짝 맞고
또 맞았지만 집에 아가 없는
것만으로도 그게 그리 신이 났다네.

– 나 어릴 적, 인천시 송현동에서……. 1958년 –

2002/11/10/21:45

달팽이

1

저 달팽이
무거워뵈는 등짐지고
어디를 가시나

등에 진 보따리
얼마나 소중하면
잠시라도 벗으려하질 않는가

지나온 여행길
길벗 삼아 마주한 이들
갖가지 사연들 알알이 담긴
이야기보따리인가

빙글빙글 뱅글뱅글
멎을 수 없는 미로
나선상곡률螺旋狀曲率 암모나이트
아찔한 회오리 인다.

2

저 달팽이
기나긴 풀잎 길 뉘엿뉘엿 헤치며
어디를 가시나

이리저리
잠시 스쳤던 인연 찾아
오늘도 하루해 따라잡으려는가

행여 그님 뒤쫓아 올세라
희미한 물줄기 이정표처럼 남기고
행여 그님 못 쫓아올세라
가는 걸음걸음 제자리걸음인가

안 가는듯 가고
가는듯 아니 가니
먼 바다 떠있는 돛단배더냐
먼 하늘 떠있는 구름이더냐.

3

저 달팽이
물빛 고운 촉수 달고
어디를 가시나

가랑잎 너머
세細 여울 건너
오시기로 한 님 마중 나가시려는가

행여 밤눈 어두운 고운님
오시는 길 못 찾아 헤맬세라
헛디뎌 나락으로 떨어질세라
촉수 끝 불을 밝혔나

긴긴밤
길 밝혀줄 달빛 없기로
하나도 두려울 것 없어라
하나도 아쉬울 것 없어라.

– 제8회 충성대문학상 [가작] 입상작(2009년09월25일) –

2002/11/11/00:50

배추장수

　　　– 배추…… 사려엇!
산동네 비좁은 골목길 뒤뚱뒤뚱 누비며
사십대 겉늙은 배추장사 목청 돋군다
　　　– 씽씽하고도 알이 꽉 찬 배추…… 사려엇!
허름한 리어카 그득 실린 배추가
하얀 속살 드러내며 흐드러지게 웃는다
　　　– 이건 고랭지배추여 속이 꽉 찼응게 김치 혀묵으면
　　　　엄청 맛있당께
지나가는 아지매 배실배실 다가서더니
짐짓 배춧속 쿡쿡 찔러본다
　　　– 아따메 아짐씨! 기냥 가면 어떡혀 한 짐 들러놔!
저 배추들 보소 푸릇푸릇 노릇노릇
저마다 겹겹이 레이스달린 속곳 자랑하네
　　　– 지금이라 이 개격이지 낼부텀 어림엄당께
배추장사 구라발린 협박조에
동네 할마시 하나 허벌나게 달려 나온다
　　　– 싸게싸게 사더라고…… 푸딱푸딱 챙기라니께……
동네사람들 우두두두 떼를 지어 몰려드는데
경사 났네 경사 났어
　　　– 배추…… 사려엇!
걸걸한 호객소리 골목길 메우고
뒤뚱해진 늦가을 해 처마 끝에 걸렸네
　　　– 씽씽하고도 알이 꽉 찬 배추…… 사려엇!

2002/11/12/08:40

풀잎

찬 이슬 맞은 국화처럼 수수하지도 않고
모락모락 피어나는 안개꽃 같은 화사함도 없고
붉은 장미처럼 정열적이지도 않고
그렇다고 하얀 백합 같은 고귀함도 없다

흔하디흔한
그래서 아무렇게나 내딛는 발에도
쉽사리 밟히는 것이 너라면
오히려 너는 두려울진대

거친 비바람일지라도
혹한의 찬 서리일지라도
모진 눈보라일지라도
장구한 세월
늘 한결같이
너의 끈질긴 생명력 연연連連하구나

가식도 없으니 허물 없어라
기교도 없으니 허점 없어라
교만도 없으니 질시 없어라
애증도 없으니 속박 없어라

가장 낮은 곳으로 몸을 낮추면서
가장 높은 곳으로 절개를 드러내니
차라리 그것이 환희일진대
차라리 그것이 축복일진대
차라리 그것이 영광일진대.

2002/11/12/07:50

누구라도 예외 없이 우리는

누구라도 예외 없이 우리는
끝닿은 그곳 향해
부단히 가야할 것이니
그 길 구부러진 길일지라도
그 길 자갈과 가시덤불 험한 길일지라도
누구라도 예외 없이 우리는
그 길 끝닿은 곳으로 가야할 것이니

때론 우마차 얻어타는 행운이 있을지라도
때론 자가용 얻어타는 행운이 있을지라도
때론 비행기 얻어타는 행운이 있을지라도
걷다 넘어지고 무르팍 깨어져도
더위 먹고 피곤에 지쳐 거품 물고 쓰러질지라도
우리는 끝닿은 그곳 향해
쉼 없이 가야할 것이니

누구라도 예외 없이 우리는
끝닿은 그곳 향해 걷다 쉬다 걷다가
때론 속옷까지 털어갈 산도적 만나고
때론 제 콧구녕 마늘까지 빼줄 관음보살 만나고
때론 앞서거니 뒤서거니 길동무 만날 것이니

누구라도 예외 없이 우리는
삶의 노상에서 쉼 없이 다가오는

갖가지 형태의 시련 맞을지니
그 시련 냉혹할수록
우리 삶의 질서 엉망으로 깨뜨려질수록
우린 다시 새로운 용기로 시련 딛고
삶의 끝으로 나아가는 것이니

누구라도 예외 없이 우리는
그 길 끝닿은 곳 마주할 때
지나온 그 길 가파르고 험난한 만큼
우리 가슴 환희에 떨 것이니
지나온 그 길 곧고 아름다운 만큼
우리 미련 버리지 못할 것이니

누구라도 예외 없이 우리는
지옥불 같은 폭염과
육신을 태울듯 갈증 있기에
한줄기 바람의 서늘함을
한 방울 물의 달콤함을
느낄 수 있으리니

누구라도 예외 없이 우리는
죽음 같은 산고産苦와
절망의 나락奈落 있기에
생명의 태동胎動을
재기의 희락喜樂을
느낄 수 있으리니.

2002/11/18/07:04

오늘은 나라님 뽑는 날

오늘은 나라님 뽑는 날
저마다 가슴 추스르고
짐짓 문밖 나선다
머릿속 맴도는 기호 하나
지웠다 다시 쓰고
다시 쓰고 또 지우고

삼삼오오 찾아드는
얼굴마다 홍조 띠고
알듯 모를듯 묘한 미소로
서로를 곁눈질하는 투표소 입구
그래 오늘은
나라님 뽑는 날이야.

2002/11/19/19:56

포장마차

괴정사거리 길목엔
몇 번 들렀음직한
길동무란 포장마차
커다란 호박 등에 쓰여 진
壽자가 정겹다

40대 아지매 함양 댁의
　　　　- 어서 오소!
호들갑스럽지 않은
푸근한 환영사가
정감어려 좋다

　　　　- 닭똥집 하나 꿉어 주렵니까?
　　　　- 날씨 춥지 예?
　　　　- 그리고 쐬주 반병하고……
　　　　- 일루 따뜻한 데로 오이소

한 평 공간 포장마차에
세상이 있고
인심이 있고
사연이 있고

세월이 있고
그 속에 나도 있고
그러한 모든 것이 왠지 서럽다

지글지글 익어가는 돼지두루치기에
세상이 익고
인심이 익고
사연이 익고
세월이 익고
그 속에 나도 익고
그러한 모든 것이 왠지 애닯다.

2002/11/19/01:30

12월은

2002년 12월은
아직 마지막 남은 한 장의
캘린더 속에 머물고 있다

12월 캘린더 속엔
1부터 31까지
서른 한 개의 날짜가 버티고 있다

일 년의 마지막 달 12월은
이 한해의 쓸쓸한 이별을 고하기 위한 종착역인가
아님 새로운 한해를 출발시키기 위한 시발역인가

왠지 낯설기만 한
왠지 정들지 않을 것만 같은 12월은
스쳐가는 타인의 옷자락에서 부는 바람과 같은 것

12월은
인적 끊긴 간이역처럼
썰렁하기만 하다.

2002/12/01/19:00

십이월

슬픈 낙조落照
갈 길 재촉하는 기러기 떼
지나온 길 허무하고
돌아갈 길 아득하다

무념無念의 시간
멈춘 듯 흘러가고
흘러가 듯 멈춰있는
저 공수래공수거空手來空手去

비애悲哀는
한껏 치장하고
뿌옇한 그림자 길게 드리우니
짐짓 거짓 같은 속내 보인다

공허空虛한 몸짓과
허탈虛脫한 외침이 있어
세월의 울돌목
거센 물결 거스르기 어렵다.

2002/12/02/14:45

영하 영점 오도-0.5℃

올 겨울 처음 맞는 지독한 추위
온도계 눈금이 영도에 조금 못미쳐
강한 바닷바람에
체감온도 영하 십이도

간밤에 덮던 오리털이불
들쳐진 사이를 비집는 차가운 손길
맞부딪히는 이빨 시린 두 발
새우처럼 쪼그린 채 긴 밤 지새웠네

몰아치는 강풍 창문마다 덜덜덜 울어젖히고
혼백魂魄인양 부르르르 떨어대던 블라인드
온몸이 차디찬 돌처럼 굳어
비로소 눈덩이같은 비애에 사로잡혔네.

2002/12/11/03:03

한민족아 궐기하라

반만년 역사
백의의 민족
그 혈혈히 이어오는
단군신화 주체사상

일찍이
북방의 오랑캐
바다 건너 쪽발이
다 물리치고
한민족 강건한 기상
이 땅 위에 드높였다

순한 것이
약한 것이 아니거늘
양보의 미덕이
어리석음이 아니거늘
겸손함이
비굴함이 아니거늘

한반도 형상
토끼같다하여
그리도 만만히 보았더냐

우리 한반도
우리 겨레민족
일제의 삼십육 년 굴레
스스로 벗지 못한 바
기어이
미소 두 양키들이
삼팔선으로 절단해놓고

육이오
피터지는 골육상잔
덕택에 미국경제 어부지리 얻고
진정 그대 미국
우리 위해
무엇을 하였던가

한땐 그대 적국
패전국 일본보다
우리에게 베푼 것이
더 낫더란 건가
치욕적인 국가차별
그러면서도 동맹이라니

온갖
못할 짓은 우리에게
굴욕적인 것도 우리에게
인간 이하의 대접도 우리에게

아서라
양키들아
그러려면
당장
이 땅에서 꺼져라

너 양키들아
우리를 당나귀 취급마라
당근 몇 조각으로
우리를 농간하지 마라
그까짓 캐러멜 초콜릿
안줘도 산다

너 양키들아
당장 너희 나라로
돌아가라
이런 굴욕 속에
너희가 방패가 되어준다 하여도
내 마다하리니
굴욕적으로 살 바엔
차라리 적의 칼에 당당히 맞아 죽는 것이 나으리라

너희들이
진정
세계평화 수호하는
경찰국일지라면

그대들의 거만함을
그대들의 방자함을
그대들의 안하무인을
당장
거두고
이 땅에서 사라져라

너희들이
우리 위에 군림하려 할수록
너희들이
우리의 은혜로운 자로 가장하려 할수록
너희들이
우리를 기만하려 할수록
우리는 너희를 결코 용서할 수 없노라

너희 양키들은
이제 세계의 으뜸이 되었다 하여
스스로 법의 주재자가 되어
약소국들의 생사여탈권을 행사하려 하지만
반드시 칼로 흥한 자는 칼로 망하리란
역사가 증명하는 전철을 밟게 되리라

한민족아
자랑스러운 한겨레여
우리 한 핏줄끼리
단결하여

오랑캐 양키놈을
이 땅에서 쫓아내자

손에 손 잡고
우리 강토를 우리 손으로
굳게 지켜나가자

반드시
힘을 키워
미국 본토에
우리 태극기를 휘날려 보자
우리의 탱크 밑에
양키놈들 깔아뭉개어 보자

이제 머잖아
세계는 우리 한민족의 것
보다 힘찬 웅지를 만천하에 드러내자

'양키 고우 홈!'

2002/12/11/20:33

가는 세월

나 비록
세상에 나와
여태껏 천륜 저버리지 않고 살았거늘
지나간 세월 마냥 허무할진대
가슴 속 쌓여있는 감정의 찌끼들
하나같이 욕지기들뿐이로구나

내 살아온
세월 줄기 곳곳엔
구부러지고 뒤엉키고 굵어지고 가늘어지고
뿌리 깊은 옹이마저 박혀
밋밋하거나 그리 곱지 못하니
내 살아온 줄기 마냥 부끄럽구나

그래도 내 어미
자식 낳았노라 미역국 드셨지
그것도 아들놈이라고
금줄에 빨간 고추 드리우셨지
그것도 맏아들이라고
많은 기대 걸으셨겠지

어느덧 내 인생
오십 사계四季 까먹은 오십 마루에
이미 탕진해버린 꿈같은 세월보다
눈치껏 주어질 세월 그 절반도 못 미칠 텐데
그 세월마저 하루하루 쏜살같구나
눈물이 나도록 재촉하는구나

인생 큰 마루 넘어
지나온 길 되살펴보니
한없이 아득하여 가물거리기만 하고
내 그토록 탐닉했던 그 모든 것들
저 만치 스멀거리며 사라지려하는구나
기껏 쌓아올린 탑마저 안개속의 허상같구나

시간 공간 틈바귀에서
그토록 허우적거리며 갈구해왔던
그 모든 것들 결국 흩어지는
한줌 연기만도 못하니
저승길 문턱 이르러야
겨우 철이 들려나보구나

서릿발처럼
날 선 음울한 기억

내 안에 서성이는 노곤한 슬픔
검은 머리 파뿌리되어 내일이면 저승길인데
얼마 남지 않은 그 길마저 걷기
왜 이다지도 힘이 드는지.

2002/12/21/22:37

은유시인 김영찬(金永燦) 시선집 제1집

나에게 있어 시를 쓴다는 것은...

초판인쇄 2019년 9월 20일

지은이 김영찬(金永燦)
주소 48729 / 부산광역시 동구 중앙대로 308번길 7-3 / 부산인쇄조합3층
휴대폰 010-3593-7131
이메일 sahachanchan@hanmail.net

발행인 김영찬(金永燦)
편집인 김종화(金鍾和)
디자인 월간 「부산문학」 디자인팀 / 《데코·브레인》

기획·발행처 도서출판 「한국인(제2014-000004호)」
출판·인쇄처 도서출판 「부산문학(제2019-000001호)」
주소 부산광역시 동구 중앙대로 308번길 7-3 《주식회사 한국인》
전화 (051)929-7131, 441-3515
팩스 (051)917-7131, 441-2493
홈페이지 http://www.mkorean.com · http://www.busanmunhak.com
이메일 sahachanchan@hanmail.net · sahachan@naver.com
가격 12,000원(E-Book 6,000원)
ISBN 978-89-94001-26-5 (04810)
SET ISBN 978-89-94001-32-6 (04810)
CIP 2019035769
이 도서의 국립중앙도서관 출판예정도서목록(CIP)은
서지정보유통지원시스템 홈페이지(http://seoji.nl.go.kr)와
국가자료공동목록시스템(http://www.nl.go.kr/kolisnet)에서
이용하실 수 있습니다.